Journal of the Mediterranean Rim Studies

浙江外国语学院环地中海研究院（教育部高校国别和区域研究备案中心）主办

环地中海学刊

Journal of the Mediterranean Rim Studies

第1辑

马晓霖◎主编

浙江外国语学院环地中海研究院（教育部高校国别和区域研究备案中心）主办

当代世界出版社
THE CONTEMPORARY WORLD PRESS

图书在版编目（CIP）数据

环地中海学刊. 第1辑／马晓霖编. —— 北京：当代
世界出版社，2022.12
　ISBN 978-7-5090-1703-6

　Ⅰ. ①环… Ⅱ. ①马… Ⅲ. ①地中海问题-文集
Ⅳ. ①D815. 9-53

中国版本图书馆 CIP 数据核字（2022）第 220466 号

书　　名：环地中海学刊 第 1 辑
出 品 人：丁　云
策划编辑：刘娟娟
责任编辑：魏银萍　徐嘉璐
封面设计：王昕晔
版式设计：韩　雪
出版发行：当代世界出版社
地　　址：北京市地安门东大街 70-9 号
邮　　编：100009
邮　　箱：ddsjchubanshe@163.com
编务电话：(010) 83907528
发行电话：(010) 83908410（传真）
　　　　　13601274970
　　　　　18611107149
　　　　　13521909533
经　　销：新华书店
印　　刷：英格拉姆印刷(固安)有限公司
开　　本：710 毫米×1000 毫米　1/16
印　　张：13. 75
字　　数：167 千字
版　　次：2022 年 12 月第 1 版
印　　次：2022 年 12 月第 1 次
书　　号：ISBN 978-7-5090-1703-6
定　　价：79. 00 元

编委会

创刊词

地中海位于亚非欧三大洲之间，是世界最古老的内陆海。环地中海地区历史悠久，不仅是古埃及文明、美索不达米亚文明、波斯文明、犹太文明、希腊罗马文明、阿拉伯文明、奥斯曼文明等发源地，而且是基督教文明、伊斯兰文明和非洲文明三大体系的交互和融合桥梁。环地中海地区是兵家必争之地，波斯帝国、亚历山大帝国、罗马帝国、阿拉伯帝国、奥斯曼帝国及近现代列强次第登台，世界历史进程在帝国和强权的争夺中悄然改变。环地中海地区还是文明交往的通衢和枢纽，地中海贸易繁盛一时，大马士革、巴格达、君士坦丁堡、开罗等城市曾一度执世界城市文明之牛耳，不同文明和信仰在此交流、碰撞、融合和发展，共同编织了古代世界文明的绚烂版图。

数千年的漫长历史争夺与交融，赋予地中海独特内涵，使环地中海地区的历史成为学界经久不衰的话题。百年来的现当代地缘博弈和力量互动进程中，环地中海地区又在欧洲联盟、非洲联盟和阿拉伯国家联盟的地缘三环比肩和拱卫中释放出全新的活力与势能。

国外环地中海研究自20世纪七八十年代逐步发轫，尽管产生了费尔南·布罗代尔（Fernand Braudel）《菲利普二世时代的地中海和地中海世界》等一批优秀成果，但是，总体上还属于亟待广泛和深度挖掘的学术冻土。2005 年由牛津大学出版社出版、哈维斯（W. V. Harvis）主编的论文集《反思地中海》明确表述：截至 2000 年，尚无人写过一部以地中海和地中海沿岸为研究主题的著作。

浙江外国语学院基于服务"一带一路"倡议，响应"构建人类命运共同体"时代呼唤，抓住国家大力推动国别和区域研究及新文科建设之历史机遇，及时筹建中国首个环地中海研究院（教育部高校国别和区域研究备案中心建设基地），勇敢地提出构建环地中海学倡议，并创办这本《环地中海学刊》（辑刊），使之成为中国乃至全球首本专注于环地中海学科体系、学术体系及话语体系建构的学术期刊（辑刊）。

我们期待《环地中海学刊》问世将为广大学者提供探索理论、服务现实，构建文明、研究问题，交流思想及发表成果的新平台。我们也热忱期待和欢迎学界同行关注、关心、指导、帮助并积极赐稿，期待通过大家的共同努力，使《环地中海学刊》能在同一领域办出中国特色、中国气魄，并逐步体现国际水准，引领潮头。

《环地中海学刊》编辑部
2022 年 12 月 8 日

目　录

建构中国特色和世界领先的环地中海学

马晓霖　浙江外国语学院二级教授、环地中海研究院院长、国家"万人计划"领军人才

内容摘要： 位于亚洲、欧洲和非洲结合部的地中海地区是世界古代文明的重要发祥地，滋养了众多文明形态和权力组织形式，近现代又成为阿拉伯-伊斯兰文明、西方基督教文明和非洲文明三大主要文明板块，以及阿拉伯国家联盟、欧洲联盟和非洲联盟三大地缘组织的交流前沿，是推动世界和平与发展进程，特别是践行"一带一路"倡议和"构建人类命运共同体"的跨洲通衢枢纽之地。但是，针对该地区的国别和区域研究，长期处于单一、片面、分散和凌乱的状态，而作为整体文明板块和单一文化区域的研究也即地中海研究，则起步较晚，虽初具成果但存在明显的失衡性。这一现状使得中国学者在强化国别和区域研究及大力建设新文科的今天，有必要用地球仪视角、整体论、系统论思维重新审视该地区的学术和应用研究，将其纳入全新的环地中海研究大框架

内，并最终形成具有中国特色和世界领先水平的环地中海学。本文从环地中海概念的提出、环地中海研究既有基础和不足、环地中海研究的范围领域与路径选择、环地中海研究的理论依托和特点等几个方面，尝试论证如何进行环地中海研究和建构环地中海学，期待抛砖引玉，向学界专家和前辈讨教。

关键词： 环地中海研究　环地中海学　环地中海学刊

一、环地中海概念的提出及内涵

2013 年，中国国家主席习近平在访问中亚和东南亚国家期间先后提出了共建"丝绸之路经济带"和"21 世纪海上丝绸之路"倡议。2015 年，习近平主席在第 70 届联合国大会又提出"构建人类命运共同体"倡议。[1] 这两个倡议的提出不仅为世界各国特别是发展中国家的合作、发展、共赢提供了新的动力和契机，亦吹响了学界加强国别和区域研究的新号角。"环地中海研究"正是这一时代背景下因时因势而生的区域国别研究新领域。然而，从"环地中海"概念的提出到如何推进有中国特色、中国气派、中国风格的环地中海研究，进而建构可以引领世界同一领域具有前沿和先锋地位的环地中海学，是个需要共同探讨的重大课题，也是需要学界共同努力的长远目标。在《环地中海学刊》创刊付梓之际，笔者试图通过本文来呈现对上述议题的粗浅思考，以求抛砖引玉，向学界专家和前辈讨教。

在"一带一路"倡议、构建人类命运共同体以及全球一体化和区域集团化进程不断深入发展的时代大背景下，在改革开放不

---

〔1〕 习近平：《携手构建合作共赢新伙伴 同心打造人类命运共同体》，载《人民日报》，2015 年 9 月 29 日，第 2 版。

断深化和拓展的驱动下，中国与外部世界的联系必然会越来越密切、互动越来越频繁。对外部世界尽可能客观、细致、深入、系统地认知和了解这一迫切的现实需求，推动着中国日益重视覆盖全球的区域和国别研究，一些长期无人关注的遥远小国、岛国、弱国也开始进入人们的研究视野，相关学科理论研究与人才培养也日益受到重视。[1] 从学理意义言之，这种现实需求在客观上推动了我国区域国别研究持续不断发展和繁荣。

（一）环地中海概念的提出

环地中海研究的出现和发展可谓这一大背景下的典型代表。就理念言之，我们所探讨的环地中海（Mediterranean Rim/Trans-Mediterranean）概念受启于环太平洋（Pacific Rim）概念。[2] 在国内，尽管环地中海概念抑或术语始见于 2006 年的相关媒体报道之中，[3] 但直至今日，在可见资料中，尚无在学理意义上的界定或阐释。在可见的英文文献资料中，情形相似。

英文文献关于环地中海这一概念的提出最早源于地理学范畴，西方著名地质勘探专家克里梅（H. D. Klemme）基于地理范围，将以地中海为中心所环绕的北非阿拉伯和欧洲地区称为环地中海地区（Circum-Mediterranean Region）[4]；而伦敦大学皇家霍洛威学院中世纪史教授，中世纪医学、疾病学和慈善史研究专家佩雷格林·霍尔登（Peregrine Horden）和牛津大学卡姆登古代史

---

[1] 刘鸿武:《中国区域国别之学的历史溯源与现实趋向》,载《国际观察》,2020 年第 5 期,第 53 页。

[2] "环太平洋"这一概念,就英文而言,最早出现 1924 年的研究文献中。参见 F. R. Tegengren, "The Iron Ores and Iron Industry of China, Including a Summary of the Iron Situation of the Circum-Pacific Region", *GFF*, Vol. 46, Issue 6-7, 1924, pp. 729-733. 就中文而言,最早出现在 1960 年的研究文献中。参见凌曼立:《台湾与环太平洋的树皮布文化》,载《中央研究院民族学研究所集刊》(中国台湾),1960 年第 9 期,第 313—360(i-x)页。

[3] 王晓玲、连彬:《东方物探建设环地中海生产规模基地》,载《中国石油报》,2006 年 8 月 9 日,第 6 版。

[4] H. D. Klemme, "Regional Geology of Circum-Mediterranean Region", *Bulletin of the American Association of Petroleum Geologists*, Vol. 42, No. 3, 1958.

讲席教授尼古拉斯·珀塞尔（Nicholas Purcell）在《堕落的海：地中海史研究》一书中，提出地中海联合体（Mediterranean Unit）的概念，并指出地中海在历史时期所形成的"荣辱"（Honor and Shame）文化，即地中海带给该地区的荣耀和该地区所遭受的破坏，以及地中海持续的历史塑造了以地中海为中心的周边区域的共享文化。[1]

总体而言，英文世界关于环地中海的讨论是一个涵盖地理、历史和人文交往的综合性探究，旨在将地中海作为一个独立的单元进行研究，这一点在费尔南·布罗代尔关于地中海的研究中尤为明显。从当前中国学术话语出发再谈环地中海这一概念，不仅是对既有研究范式的借鉴，也是基于当前中国区域国别研究的创新。

作为区域和国别研究，环地中海研究的首要任务是界定它的研究客体，确定它的涵盖边界。环地中海国家或地区是新提法、新概念，学界尚无约定俗成的具体划分和传统用法，更无科学、权威的国际范式或流行标准。即便是地中海国家这个常用的地理、地缘概念，也颇有争议，即究竟哪些国家属于地中海国家？厘清地中海国家，才能设定或确立环地中海国家和地区、环地中海研究乃至环地中海学。

（二）环地中海概念的地理空间

有鉴于此，有必要先从基本的地理空间来研究和剖析地中海国家的"洋葱圈层"：地中海、地中海国家和地区、环地中海国家和地区。

1. 何为地中海？地中海是一个介于或襟连亚洲、非洲和欧洲的水域，包含爱琴海、马尔马拉海、伊奥尼亚海、第勒尼安湾和

---

[1] Peregrine Horden and Nicholas Purcell, *The Corrupting Sea*: *A Study of Mediterranean History*, Oxford: Oxford and Massachusetts, 2000, p. 515.

苏尔特湾等"海中之海"或局域水域，东西长约 4000 千米，南北最宽处为 1800 千米，面积约为 251.2 万平方公里，是世界最大的陆间海。向西通过直布罗陀海峡与大西洋贯通，向南借助苏伊士运河、红海并经曼德海峡与印度洋相连，向东经达达尼尔海峡、博斯普鲁斯海峡沟通黑海。地中海还怀抱亚平宁半岛、伯罗奔尼撒半岛、巴尔干半岛、塞浦路斯岛、科西嘉岛、西西里岛和撒丁岛等著名半岛及岛屿。以意大利所在的亚平宁半岛为界，习惯上又将地中海分为西地中海与东地中海，大致对应了罗马帝国的东西两个区域。地理上也有南北之分，即把地中海临海国家分为"北岸国家"和"南岸国家"。大约公元 3 世纪，地中海最早被古犹太人和希腊人简称为"海"或"大海"，因为当时知识和视野有限，古人仅知其为三片大陆间的海，故称"地中海"。英、法、西、葡、意等语言中的"地中海"一词，来自拉丁文"Mare Mediterraneum"，其中，"Medi"意为"在……之间"，"terra"意为"陆地"，全名意为"陆地中间的海"。土耳其人和希腊人为区别地中海与黑海、红海，有时称其为白海，而阿拉伯语把地中海表述为"白色的中间海"。公元 7 世纪，西班牙作家伊西尔首次将"地中海"作为地理名词使用，从此逐步流行于世。

2. 何为地中海国家和地区？顾名思义，地中海国家和地区是濒临地中海或有出海口的内陆国家，以及超国家的区域。从地理维度言之，地中海还应该包含直接滨海、内陆国和拥有临海飞地的域外国家。根据最新的国家边界变动，狭义的地中海国家即滨海国家共有 25 个（含国中国）：土耳其、塞浦路斯、叙利亚、黎巴嫩、以色列、巴勒斯坦等西亚六国；埃及、利比亚、突尼斯、阿尔及利亚、摩洛哥等北非五国；西班牙、法国、摩纳哥、意大利、梵蒂冈、圣马力诺、斯洛文尼亚、克罗地亚、黑山、阿尔巴尼亚、希腊、克罗地亚、马耳他、英国（直布罗陀是其海外领地）等欧洲 14 个国家。

3. 何为环地中海国家和地区？依据上面的介绍，是指环绕地中海水体的地理政治单元。换言之，是由濒临地中海的国家所构成的统一体。

（三）环地中海概念的文化空间

从文化和文明的交流互鉴维度言之，环地中海可以被视为人类历史发展进程中文化人类学上的统一体，抑或生态学上的统一体，它的范围远远超越其地理空间。在文明层面，这个亚非欧大洲间水陆相连的地区包含了西方基督教文明、阿拉伯-伊斯兰文明和非洲文明三大体系。从文明共同体的角度看，它几乎将巴尔干、南欧和西南欧，亚洲西部和非洲北部所承载的三大文明核心遗产全部囊括。由于古代帝国的疆域拓展和文化传播，环地中海也自然包含了古代中国、印度之外东西方世界文明最集中的次文明体系，古埃及文明、美索不达米亚文明、希腊-罗马文明、迦太基文明、犹太文明、波斯文明、阿拉伯文明、奥斯曼文明……这种超越地理空间的文化空间倍增，使环地中海研究的文化边界大幅度拓展，一如我们今天普遍提到的"利益边界""情感边界""安全边界""海外中国""全球英国"。

环地中海历史发展的过程，是古希腊-罗马文明、犹太-基督教文明与阿拉伯-伊斯兰文明在环地中海区域的交流互动与相互影响的过程。21 世纪初期的相关论述中曾有提及。如浙江大学陈村富教授在其 2007 年发表的《地中海文化圈概念的界定及其意义》一文中提出了"地中海文化""地中海文化圈"等概念。[1]

（四）环地中海概念的地缘空间

当代国际政治、经济、安全发展已经日益向全球化和区域化

---

[1] 陈村富:《地中海文化圈概念的界定及其意义》,载《中国社会科学》,2007 年第 1 期,第 55—64 页。

两个方向流变。一方面，国家间交流的门槛越来越低，进而形成生产要素和消费要素的无边界流动，构成跨境产业链、供应链和价值链，同时在此基础上逐步形成各种自贸区、一体化和便利化的跨国投资、贸易共同体。另一方面，以地理板块为依托、以文化或文明认同为核心、以共同发展和集体安全为抓手的地缘力量集团化、区域化日渐彰显，并成为世界力量多极化发展的重要特征之一，这也势必让我们从新的视角看待环地中海概念的地缘空间。在这个维度，环地中海为欧洲联盟、阿拉伯国家联盟和非洲联盟的结合部，因而必然成为非常重要的地缘空间，且远远大于地理空间甚至文化与文明空间。

1. 政治、外交、经济和社会层面的地缘空间。环地中海地区属于三大区域性国际组织结合部，不仅几乎囊括了欧盟、阿盟和非盟主要国家，而且还包含英国、法国、意大利、西班牙、土耳其、以色列、埃及、阿尔及利亚等地区强国。环地中海 25 国人口超过 6 亿，辐射人口约 21.4 亿（三大联盟人口）；2018 年环地中海国家 GDP 总量为 8.648 万亿美元，约占全球 GDP 总量 10.194%，辐射国家 GDP 总量为 23.587 万亿美元（三大联盟国家），约占全球 GDP 总量的 27.804%。1995 年，法国总统萨科齐曾提出构建"地中海联盟"的"巴萨罗那进程"，目标是将欧盟与地中海沿岸十个西亚北非国家建设成一个自由贸易区。

2. 安全领域的地缘空间。环地中海地区从古至今是兵家必争之地，是两次世界大战的核心战场，战后又经历了无数次规模不等的战争、冲突和政变，在叙利亚、利比亚和也门三国至今依然在进行着三场"小型世界大战"。环地中海地区是激进、极端势力和恐怖主义的重要策源地，虽然"基地"组织及"伊斯兰国"武装被击溃，但依然是恐怖主义高发地和风险区。此外，环地中海国家包括了半数的北约骨干成员，不仅有大量美国军事基地和驻军，而且还有俄罗斯的地中海舰队基地。

如果从人类知识的生产和传播、文明的演进角度言之，环地中海这一概念和术语亦为我们的创新性知识生产和传播提供了必要的新空间和新载体。在这一空间之内，抑或基于这一新载体，我们可以进行四个相互承接而且逐次递进的努力：第一，我们可以在科学、准确地界定和阐释环地中海研究这一概念的基础上，推进环地中海研究不断深化和发展；第二，通过知识的创造、创新和传承，进一步推动我国环地中海学的创立和发展；第三，对知识创造和学科发展进行理论化总结和提炼，最终升华为环地中海理论，以在人类知识发展和传播过程中丰富已有内容、贡献智慧和力量、建构在这一领域的话语体系；第四，中国正在着力建设包括学术体系在内的软实力，随着大批精通外语、熟悉外国文化甚至有生活体验的中青年学术队伍成长起来，随着大批新的考古成果、档案文件问世，环地中海研究进入到可以使用一手文献进行科学研究的新时代，完全可以摆脱基于西方研究特别是单一英语研究基础上的二手研究，进而形成原创性的学术成果，使环地中海学不仅走在世界区域和国别研究的前沿，而且成为打上中国学派和史观烙印的新学、显学。

二、"环地中海"研究既有基础和不足

近年来，虽然全球范围内的环地中海研究呈现蓬勃发展态势，但较之于有关西欧、北美、中东、东南亚、南亚、拉美、撒哈拉以南非洲等区域国别研究[1]而言，无论是在研究机构的数量上，还是在高质量研究成果产出方面，抑或就研究领域的广度

---

[1] 有关"区域国别研究"这一术语的内涵和规范性问题，参见李晨阳：《关于新时代中国特色国别与区域研究范式的思考》，载《世界经济与政治》，2019 年第 10 期，第 143—144 页。

去论，总体上依然处于相对薄弱和扭曲的状态。概言之，主要有如下三方面特点。

首先，聚焦地中海次区域问题的研究机构、学术刊物和网站不断涌现，但仍主要集中在欧美发达国家和地区。从研究力量上看，总体规模依然较小，多数研究机构的研究覆盖范围虽古今并重，但更侧重人文科学，特别是考古学领域及与地中海相关的当代经济、政治和军事问题。例如，侧重近古至文艺复兴时期西地中海文化的美国堪萨斯大学"地中海研究会"、多学科交叉的哥伦比亚大学古代地中海研究中心和宾州大学古地中海研究系。在笔者看来，之所以所呈现这一特征，一定意义上讲，与环地中海地区悠久的历史文化与文明传承密切相关。在美国，除了前述有关地中海区域的研究机构外，匹兹堡大学、罗德岛大学、纽约大学、斯坦福大学、伊利诺伊大学香槟分校都有关于地中海区域的研究项目。在加拿大亦有一系列有关地中海区域的研究机构和项目，如古代和现代均有涉及的安大略省金士顿考古与地中海研究协会、多伦多大学地中海研究所及古代东部地中海研究所。就欧洲而言，有聚焦后冷战区域问题与当代欧洲-中东关系的伦敦大学地中海研究会、地中海研究小组，还有法国的马赛地中海传染病研究院、西班牙的地中海高级研究所。北非有关地中海研究的机构如摩洛哥的地中海研究中心。值得一提的是，韩国釜山外国语大学亦设有地中海研究所。

特别需要指出的是，在地中海北岸的欧洲国家中，就与地中海有关的教学、研究机构数量而言，意大利是最多的。在笔者看来，这主要源于如下两方面原因：其一，位于亚平宁半岛的意大利本身就是环地中海文明和文化传承的一部分；其二，意大利深受这一区域各种文明和文化的浸润与影响。意大利设立的有关环地中海区域的教学研究机构包括：地中海语言机构-托斯卡纳意大利语学校（Istituto Linguistico Mediterraneo-Italian School in Tuscany）、地中海设计研究所（Istituto Mediterraneo del Design）、欧洲地中海科技研究所（Istituto Euro Mediterraneo di Scienza e Tecnologia）、巴里地中海农艺研究所（Mediterranean Agronomic Institute of Bari）、地中海亚非研究所（Istituto Mediterraneo per l'Asia e l'Africa）、地中海器官移植和高级专科治疗研究所（Istituto Mediterraneo per i Trapianti e Terapie ad Alta Specializzazione）、地中海神经病学研究所（Istituto Neurologico Mediterraneo）等。

在我国，从地域学[1]研究范式来看，环地中海作为区域国别研究的一部分，长期以来一直未获得足够的重视和关注，甚至长期被忽视。不过，这种情势近年来已经稍稍有所改变。这主要体现在三个方面：第一，聚焦环地中海的区域国别研究机构开始出现，如 2015 年北京大学成立的地中海区域研究中心（CMAS）和 2019 年笔者在浙江外国语学院创建的环地中海研究院。2021 年 3 月，环地中海研究院进一步获得教育部高校国别和区域研究备案中心资格，表明主管部门对浙外环地中海研究院成立以来的研究活动的高度肯定，亦希望更好地推进和提升我国的环地中海研究。第二，聚焦环地中海研究的学术活动已经出现并产生一定的影响。2020 年开始，环地中海研究院除组织百余人次学者以"环地中海研究院"名义发表各种学术论文、专栏文章、动态分析评论和内参专报，以及组织其他学术会议外，还开启以寒暑假为集中时段的"环地中海研究"系列云端大讲堂，截至 2022 年 9 月底，已举办四季，每季 30 讲，共 120 场，约请国内高水平专家，通过网络面向社会各界，围绕环地中海地区不同领域话题，发起国内最大规模和密度的学术讲座和品牌建设，并被学校纳入通识

---

[1] 刘鸿武：《中国区域国别之学的历史溯源与现实趋向》，载《国际观察》，2020 年第 5 期，第 64 页。

课程，产生了较大的社会影响和美誉评价。此外，2019 年 12 月，刘云、钱磊所著《北非变局对环地中海国际关系的影响研究》，堪称国内首部以环地中海为研究范畴的学术专著。第三，聚焦环地中海研究的学术期刊开始出现。2021 年 6 月，环地中海研究院正式决定创立聚焦环地中海区域的学术研究集刊——《环地中海学刊》，预计在 2022 年出版两期，两年后增加至每年四期并最终转型为季刊。作为中国乃至全球首本专注于环地中海学科体系、学术体系及话语体系建构的中文学术集刊，《环地中海学刊》以推进我国乃至全球环地中海学的发展为己任，每期将延揽相关领域著名学者撰稿，发表其卓见，希冀引发学界共鸣，共同推动环地中海学的建设和发展。

其次，聚焦环地中海区域的研究起步较早，成果初具规模。20 世纪 70 年代以来，国内外相继出现一批研究地中海区域的地域和文化方面的著作、论文，主要包括断代史和国别史，以及经济、宗教、语言、人物等领域学论著和专题史等。这其中，尤以《剑桥古代史》（*The Cambridge Ancient History*）为标志。

随着考古新发现不断出现，以及新兴交叉学科理论和方法在科学研究中不断得以运用，地中海学得到了有力推动，综合性研究亦取得了较好发展。这一时期颇值得提及的研究成果包括，2005 年牛津大学出版社出版、哈维斯（W. V. Harvis）主编、包含三篇特邀参会论文的会议论文集《反思地中海》（*Rethinking the Mediterranean*）。在该论文集中有明确表述：截至 2000 年，尚无人写过一部以地中海和地中海沿岸为研究主题的著作。[1]

需要特别指出的是，这一时期，以"地中海"为名的学术研究刊物亦开始出现，比较典型的是英国格拉斯哥大学和美国密歇

---

〔1〕 陈村富：《地中海文化圈概念的界定及其意义》，载《中国社会科学》，2007 年第 1 期，第 55—56 页。

根大学联合创办的、聚焦地中海地区考古研究的学术刊物《地中海考古学》。随着地中海、环地中海等术语词频不断上升，国内亦相继引入了与之相关的研究成果和艺术作品，如德国作家路德维希（Emil Ludwig）的历史文学作品《地中海》，法国作家保罗·莫朗（Paul Morand）被誉为"书写一个帝国终结"的随笔集《地中海》、英国历史学家罗杰·克劳利（Roger Crowley）创作的《地中海史诗三部曲》（关于地中海历史的三部著作合集，分别是《1453：君士坦丁堡之战》《海洋帝国：地中海大决战》《财富之城：威尼斯海洋霸权》），法国年鉴学派第二代代表人物、集大成者费尔南·布罗代尔的成名作和扛鼎之作《地中海与菲利普二世时代的地中海世界》（上、下卷），日本著名非虚构历史作家盐野七生的《地中海海战三部曲》与《罗马灭亡后的地中海世界》，一直致力于古典文化史与古代思想史研究的英国当代历史学者查尔斯·弗里曼（Charles Freeman）的《埃及与希腊：古代地中海文明》，英国著名历史学家约翰·朱利叶斯·诺威奇（John Julius Norwich）的《地中海史》，美国乔治华盛顿大学古代史和考古学教授埃里克·克莱因（Eric H. Cline）的《文明的崩塌：公元前1177年的地中海世界》，英国伦敦大学皇家霍洛威学院中世纪史教授佩里格林·霍登（Peregrine Horden）与牛津大学教授尼古拉斯·珀塞尔合著的《堕落之海：地中海史研究》，美国著名历史学家和考古学家布雷斯特德（James Henry Breasted）的《地中海争霸史》与《地中海的衰落：文明的征程》，黎巴嫩裔法国著名小说家、历史学家、法兰西学院院士阿敏·马卢夫（Amin Maal-ouf）的《地中海东岸诸港》《剑桥古代史（第一卷第一分册）：导论与史前史》《剑桥古代史（第一卷第二分册）：中东地区早期历史》《剑桥古代史（第四卷）：波斯、希腊及西地中海地区 约公元前525—前479年》《剑桥古代史（第六卷）：公元前4世纪》《剑桥古代史（第七卷第二分册）：罗马的兴起至公元前 220 年》《剑桥古代史（第八卷）：罗马与地中海世界至公元前 133 年》《剑桥古代史（第十四卷）：晚期古典世界：帝国及其继承者，425—600 年》《剑桥新编中世纪史（第六卷）：约 1300 年至约 1415 年》。

最后，关于环地中海地区的研究存在多个层面的偏颇与失衡性，给建构地中海学留下巨大发掘空间。环地中海研究之所以值得重新思考、重新挖掘并上升为环地中海学的高度，在于前人尽管付出巨大努力并作出辉煌贡献，但依然给我们留下巨大的甚至看不到头的拓展空间和发掘余地。至少在笔者看来，迄今的环地中海研究存在明显失衡性：外国研究成果相对多而中国研究成果少；西方研究成果相对多而东方研究成果少；西方中心论主导的研究成果相对多而东西方平衡的研究成果少；零星研究的成果相对多而系统研究的成果少；单一国别、地区和领域的研究成果相对多，整体、总承、统揽的研究成果少；翻译成中文的外国研究成果相对多，中国学者原创的成果少；基于西方语言的研究和翻译成果相对多，基于环地中海地区语言的研究和翻译成果少；基于照抄照转外国人并引进版权的研究成果相对多，基于原始文献、档案、考古发现等研究且拥有自主版权的成果少；人文社科领域研究的成果相对多，自然科学领域研究的成果少；文学、艺术和历史的研究成果相对多，天文、地理和医学研究成果少；东地中海地区单一国家中以色列、伊朗和土耳其的研究成果相对多，而阿拉伯国家和库尔德人的研究成果少……因此，矫正既有研究的不足、失衡、偏门，建构系统、完整和均衡的研究体系，是环地中海研究的核心任务，也是环地中海学要完成的历史使命。

三、环地中海研究的范围、领域与方法路径

作为区域国别研究中的一片热土和显学，如何更好地聚焦这一区域的研究，如何选择更好的路径去有效推进这一区域的研究？无论是以领域学视角来推进环地中海研究，还是以区域学视角来推进环地中海研究，都是首先要回答的问题。

（一）环地中海研究的范围

在既有研究中，学者们通常将环地中海地区视为一个固定的地理单元，研究内容主要围绕地中海进行，是一种"地中海主义"（Mediterranism）的研究。[1] 事实上，今天环地中海地区的人类足迹远远超过了过往历史时期，来自世界各地的商人、游客、移民乃至学者、官员穿梭于环地中海的各个区域，他们的活动基于地中海同时又超越了地中海，正如大卫·阿布拉菲亚（David Abulafia）在《伟大的海：地中海人类史》一书中强调的那样，地中海不仅有海上的人文活动，也有陆上的人文活动，同时这些人文活动超越了地中海的地理范畴。[2] 因此，当前关于环地中海研究的范围，既涉及传统地理范围内的国家、族群、宗教和移民等诸多领域，也包含地中海地理范围之外的相关研究，是交叉学科和新文科建设的一片蓝海。从空间范围而言，环地中海研究应该覆盖该地区国家及其关联度密切的临近地区的所有客体，地跨欧洲、非洲和亚洲半数以上的国家和人口。

（二）环地中海研究的领域

人类知识的发展、创新及拓展存在两种基本的可选择路径：

---

〔1〕 M. Herzfeld, *Anthropology Through the Looking-Glass: Critical Ethnography on the Margins of Europe*, London: Cambridge University, 1987, pp. 11–12.

〔2〕 大卫·阿布拉菲亚著，徐家玲等译：《伟大的海：地中海人类史》（上），北京：社会科学文献出版社，2018年版，导言。

其一是区域学的形成与发展，其二是领域学的形成与发展。何为区域学？在非洲问题学者刘鸿武教授看来，区域学是以聚焦地域研究为主要特征的特殊学科，它的一个基本特点就是十分重视学科知识与思想形态的地域适应性和时空关联性，尤其重视从它所关注与研究的特定地域与时空结构上来开展自己的适地性研究，通过建构自己的适地性知识体系，努力形成可以系统说明、阐释、引领对这一特定区域一般性、普遍性问题具有解释力的地域学学科群落与知识体系。[1] 作为区域国别研究中的重要单元，环地中海研究自然亦具有区域学的普遍性特征。所以，从学理意义言之，环地中海研究就是将环地中海区域分化的学术与知识统筹、交叉起来，从而共同关注这一特定地域的一些基本问题或共同问题。

那么，如何开展和推进环地中海区域学研究，从而有效促进该区域研究中的知识生产和创新过程？目前，有必要首先从如下三个维度着眼和推进该领域的横向研究。

第一，环地中海区域的微观区域学研究，亦即对地中海周边国家的国别问题研究。在这一层面，首先对这些国家的政治、经济、文化、社会等属于领域学范畴的内容进行系统深入探究。在此基础上，利用区域学和领域学相结合的方式方法，将领域研究的知识体系有机整合为国别问题的区域知识体系，从而形成对国别，即微观区域学尽可能接近本质的认知和普遍性解释。

第二，环地中海区域的中观区域学研究。这也是最为名副其实的环地中海区域研究，即将环地中海区域作为研究的整体性客体，探讨和分析这个区域研究单元的内在政治、经济、文化以及文明和社会维度的交流、互动与影响。这里要特别强调对相互关

---

〔1〕 刘鸿武:《中国区域国别之学的历史溯源与现实趋向》,载《国际观察》,2020 年第 5 期,第 55 页。

系的研究。上海外国语大学教授刘中民基于外交学院教授秦亚青近年来所一直努力建构的"关系理论"进一步指出，要想把环地中海研究变成一个研究整体，最能体现整体性的就是关系，即区域内部关系及区域同外部世界的关系，如贸易关系、宗教关系、文明交往关系、整体与部分关系及不同主体之间的关系。刘中民认为，"关系"是最能体现环地中海区域研究中的"环"，而"关系研究"最能体现环地中海的文明圈、文化圈、贸易圈，或者说经济交往圈、宗教交往圈、文明交往圈。[1]

第三，环地中海区域的宏观区域学研究。将环地中海区域置于全球视域背景下，作为区域国别研究单元，探究其与全球其他区域及全球性问题的互动过程与相互影响，审视和分析其作为区域研究所具有的特殊性和普遍性。

当然，按照时间和空间维度，古代和近代环地中海区域各文明间的互动、交流、互鉴对今天犹太-基督教文明与伊斯兰文明间关系的影响亦是我们研究和分析的重要内容之一。

（三）环地中海研究可行的方法路径

无论是就领域学言之，还是从区域学来看，我们在具体从事环地中海研究时，都需要采取和遵循恰当的研究路径，惟如此，整个知识生产和创新性研究过程才能够更加有效，也更容易获得原创性的、有价值的产出，从而更好地服务于国家和社会的需要。

就区域国别研究而言，大体存在两种研究方法：人文科学的研究方法和社会科学的研究方法。就环地中海研究的方法和路径而言，在笔者看来，不能将二者人为割裂，宜有机结合、综合运用。原因有三，既有路径的，也有学理的。

---

〔1〕 刘中民：《〈环地中海学刊〉应特别重视"关系研究"》，"环地中海研究院学术委员会成立暨平台建设和学刊创办研讨会"发言内容，2022 年 1 月 8 日。

其一，目前的区域国别研究更多地以人文科学的研究方法为主。清华大学教授李强认为，人文科学的研究方法到现在仍然是我国区域国别研究的基础。[1] 这里有必要对人文科学的研究方法做简要分析。具体而言，人文科学的研究方法具有如下四个方面的特征：一是以对象区域或国别的语言训练作为研究的基础；二是对研究对象进行深入的实地考察；三是高度重视对象区域或国别的历史，重视本土资料的收集与解释；四是采用多学科或跨学科的研究方法。[2]

其二，社会科学方法异军突起。第二次世界大战结束后，随着全球化不断深入发展，国际关系行为体间互动增强，区域国别研究日趋采用另一种研究路径和方法，即社会科学方法。这一研究方法趋向于运用政治学、经济学、社会学等学科方法，以理论分析、比较或量化的方法构建区域与国别研究的分析框架。[3]

其三，源于客观限制和既有研究专长，国内的区域国别研究大多偏好其中一种研究方法和路径，要么是人文科学的研究路径，要么是社会科学的研究路径。比如一些研究机构缺少目标国别和区域的语言基础，或者一些研究机构人文科学研究路径方面能够凸显其研究专长。

浙江外国语学院环地中海研究则基于既有的东方语言文化学院和西方语言文化学院13种外国语言学科基础和优势，通过有机整合研究力量，打通过往人文科学研究和社会科学研究间的平行路径，实现有机融合，从而有效助推高质量研究成果的创造和形成，尤其是可以利用大量精通环地中海地区语言的青年科研力

〔1〕 李强：《关于区域与国别研究方法论的思考》，载《欧洲研究》，2020 年第 5 期，第155 页。

〔2〕 David L. Szanton, ed. The *Politics of Knowledge*: *Area Studies and the Disciplines*, Berkeley: UC Berkeley GAIA Books, 2002, p. 5.

〔3〕 同〔1〕。

量,借助引用原始语言文献,实现真正意义的一手研究,而非基于他人研究并通过英语等语言出版物的二手研究,从材料取舍开始体现中国学者的世界观、历史观和学术观,为在这一领域形成中国学派奠定基础。

四、环地中海研究的理论依托与特点

(一)环地中海研究的理论依托

但凡学术研究,都基于一定的理论框架或范式。近些年,区域国别研究这一学科领域,无论是基础研究还是应用研究,都流行套用理论体系,"先戴帽子后穿衣"。学术研究没有理论支撑显得学理性不足,也不够规范,当然,为理论而理论也不足取,会掉入形而上的俗套。环地中海区域研究的研究对象博大精深、五花八门、贯穿古今,涉及的人文和社会科学起码涵盖了教育部划分认定的 13 个大门类,因此,不同研究课题适用的理论体系也颇有差别。无论如何,对于这门大学问,尤其是建构环地中海学,起码要依托一些重要的理论,并避免被某些理论学说所误导。环地中海研究的理论依托主要有如下几个。

1. 马克思主义理论体系。马克思主义理论体系的核心是科学社会主义,包括哲学、政治经济学和科学社会主义,它们既相对独立又不可分割。马克思及其伙伴恩格斯不仅擅长理论研究和创新,而且长期观察他们所在时代的国际关系、政教关系、民族关系、社会关系、经济关系和贸易关系等,对人类文明史特别是地中海北岸的古典文明和近代大国博弈、战争冲突和国家治理有过大量评论文章和精辟论述。尤其是,马克思主义学说强调各民族竞争中的交往,即将生产力、资本、市场、世界性联系在一起而形成或强或弱的相互关系和彼此互动,包括著名论断"战争本身还是一种经常的交往形式"等。[1] 因此，重温、熟读马克思主义经典著作可以非常深刻地把握环地中海国家的历史经纬。

2. 习近平外交思想特别是人类命运共同体理论。习近平新时代中国特色社会主义思想是马克思主义在当代中国的继承与发展，更是关照中国建设和世界发展两个大局、实现中国梦和与世界共同圆梦的顶层设计。从共建"一带一路"倡议，到构建人类命运共同体，这些倡议和学说都可以在环地中海研究的实践中得到检验，因为环地中海地区既是古代丝绸之路的核心区域，也是今天"一带一路"倡议的中枢地区，依托这个倡议所蕴含的丰富内容，可以建构一个古今贯通、纵横万里、带有时代特色的环地中海学；依托人类命运共同体理论，不仅可以充分理解环地中海地区历史文明的密切联系和不可分割性，更能体味全球化浪潮下亚非欧三大洲结合部的休戚与共，进而赋予环地中海学鲜明的中国特色。

3. 文明交往理论。文明交往理论是中国著名中东史学家、西北大学中东研究奠基人彭树智先生提出和倡导的一种理论范式，他通过梳理古代地中海周边国家历史并阅读大量前人理论，提出"文明交往是人类社会进步的动力""文明冲突是文明交往的一种属性"等论断，指出"中华儒教文明、阿拉伯-伊斯兰文明、印度教文明、西方基督教文明、犹太教文明等，在演进的过程中，都经历了与其他文明交往的过程，孤立发展到今天的文明几乎是不存在的。文明交往促进了社会进步，社会进步反过来又推动着文明交往。"[2] 坦率地说，笔者斗胆首倡环地中海学，也是基于高度认同彭树智先生的文明交往理论，意在打破传统的划片、区隔和封闭式环地中海研究，更要进一步突出不同文明之间的交互性、共构性、统一性和整体性。

---

〔1〕 中共中央马克思恩格斯列宁斯大林著作编译局编：《马克思恩格斯选集》(第一卷)，北京：人民出版社，1972年版，第27页。

〔2〕 彭树智：《书路鸿纵录》，西安：三秦出版社，2004年版，第843页。

4．大历史观理论。大历史观概念或学说（Macro - History）是世界大历史学派的开山鼻祖大卫·克里斯蒂安（David Christian）于 20 世纪 80 年代提出，也称"宏观历史"。其代表作《时间地图：大历史，130 亿年前至今》于 2005 年出版发行后引起巨大反响，开辟了全新的史观和研究方法论，即不再延续传统的局限于民族、地区和国家的历史叙述范式，而是把人类史作为一个完整的篇章来重新定位和叙述。大历史观在传统人文和社会学科基础上纳入了生物学、考古学、物理学和天文学等前沿成果，使历史变成系统综合的"跨界新领域"。著名美国华裔历史学家、《万历十五年》作者黄仁宇也力倡大历史观，并在他的史学著作中强调，以短衡长，只是我们个人对历史的反应，不足为大历史。将历史的基点推后三五百年才能摄入大历史的轮廓。[1] 在国家提倡建设新文科、鼓励学科交叉的今天，用大历史观理论支撑环地中海地区的研究，构建环地中海学，不仅生逢其时，而且十分恰当，因为如果不从历史的长程考察环地中海地区的矛盾、冲突、交往和联系，就无法为这个文明密集和问题丛生的是非之地、"麻烦之海"找到文明演进的规律和密码。

5．全球史观理论。全球史观（或称整体史观）与大历史观堪称异曲同工，都是近几十年兴起的全新历史观。如果把大历史观看作是沿着纵轴考察更深远的历史线条，全球史观则是沿着横轴扫描更宽广的历史场景。大历史观强调单一历史研究对象的昨天和今天，注重其内在发生和研究的因果性、延续性、规律性，全球史观强调关照多个历史研究对象的四邻八方，注重彼此的关联性、同一代际性和同步演进的整体性。1955 年，英国史学家巴勒克拉夫（Geoffrey Barraclough）在其主编的《处于变动世界中的史学》中首次提出了"全球史观"。美国历史学家斯塔夫里阿

---

〔1〕 黄仁宇:《万历十五年》,北京:三联书店,2008 年版,第 362 页。

诺斯（Leften Stavros Stavrianos）的两卷本《全球通史》、美国史学家威廉·麦克尼尔（William McNeill）的《世界史》、美国历史学家伊曼纽尔·莫里斯·沃勒斯坦（Immanuel Maurice Wallerstein）的多卷本《现代世界体系》等都继承和发展了全球史观。环地中海地区始终被认为是西方文明的源头，但是，西方地理中心主义、西方史学中心主义长期把持着该地区的历史研究，进而形成了"言必称希腊""条条大路通罗马"等欧洲视角或曰东方主义的历史观，严重夸大了地中海北岸特别是西方文明的贡献，有意遏制甚至忽略地中海南岸对于西方文明的母体地位。环地中海学就是要重新、系统和完整地还原历史真相，令人信服地强调古代文明的火种西传和火种北传的缘起，以及辩证地补证环地中海地区不同文明的共同进步和互通有无。

在坚持上述几个主要理论体系的基础上，应当本着学术无禁区的原则，以开放、包容、互鉴的心态借鉴一切理论研究成果，丰富环地中海研究和环地中海学的理论工具箱。但是，如下几种流行的西方理论需要我们慎重对待，辩证参考而不能当作金科玉律。

一是文明冲突论。文明冲突论堪称冷战结束后，最冲击世界认知与国际观的西方主流理论之一，至今依然不乏市场。该理论由美国著名历史学家塞缪尔·亨廷顿（Samuel Huntington）在其于1993年发表的长达30页的著名文章《文明的冲突?》中提出，该文章后扩展为专著并被翻译成22种文字，包括1997年问世的中文版。亨廷顿的基本观点是，冷战结束后，世界冲突主要沿文明边际线展开并将成为常态，甚至预言了中华文明与基督教文明的大决战，而且歧视性判断伊斯兰文明是"最具暴力色彩"的文明形态。对于西方与伊斯兰世界的关系，著名英国历史学家尤金·罗根（Eugene Rogan）则比亨廷顿客观且自省得多，认为美国和西方没有意识到的是，他们在反恐战争中奉行的政策是西方成为对阿拉伯和伊斯兰世界人民的安全、价值观和生活方式的最大威胁。[1] 作为自古冲突叠加的环地中海地区，如果不依据马克思主义辩证唯物史观、文明交往论及大历史观等作出审慎判断，很容易掉进亨廷顿设置的理论陷阱。大量历史和现实冲突表明，环地中海地区内外的冲突主体仍是部落、部族、民族、国家和利益共同体这些基本权力单元，大部分冲突还是围绕争夺土地、资源、权力、市场和财富，与文明差异没有太多关系。强调文明差异和冲突，无异于强调男女差异和矛盾，而忘记了人类正是由男女两个基本性别单元构成，共同创造了文明并且主导着世界。只有警惕文明冲突论的片面影响，才能使环地中海研究和环地中海学免于鹦鹉学舌、邯郸学步，才能确立自身具有中国特色的学术辨识度。

二是历史终结论。历史终结论也是风靡一时的理论学说，由美国日裔学者弗朗西斯·福山（Francis Fukuyama）于 1989 年在《历史的终结与最后的人》一书中提出。也许是他被冷战结束、以苏联为代表的东方阵营分崩离析和美国独霸天下的一时风光所遮蔽，忽视了中国的发展道路和模式，也没有预料到美国的持续衰落，匆忙作出历史止于美国模式的结论。所幸，福山本人终于在事实面前自己作出纠正并收回前言。但是，历史终结论作为一种片面的文明优越论并没有消失，很多学者包括东方学者，依然只把西方文明视作正统文明、优质文明、理想社会和大同境界，抹黑发展中国家探索自己发展模式的论调依然大行其道，使我们在审视环地中海世界、建构环地中海学时面临着巨大的潜意识旋涡。事实上，环地中海地区自古至今就是多种文明交替、叠加、镶嵌式存在的百花园，也从来没有停止过对国家发展道路的探

---

〔1〕 尤金·罗根著，廉超群、李海鹏译：《征服与革命中的阿拉伯人：1516 至今》，杭州：浙江人民出版社，2019 年版，序，第 3 页。

索。在地中海北岸地区陷入二战后最严重动荡，地中海南岸多个国家正在探索转型的今天和未来。务必注意不能轻易为历史下结论，尤其是给一个国家和民族的历史乱画句号。

三是西方中心论。西方中心论并非一种特定的学术理论，而是西方优越主义的定位和认知，与前述文明冲突论、历史终结论有着某些相同或相似的基因，即以西方文明独尊，以西方文明为核心、起点、天花板，不能平等地看待非西方地区和非西方文明，不能正视非西方文明对人类历史进步发挥的巨大甚至是先锋作用，也不愿接受非西方文明地区正在发生的民族复兴和再次崛起，包括长期将希波战争视为"自由西方对专制东方的胜利"[1]。较少有公正的西方史学家承认，欧洲人的文明是近东或地中海文明舶来的结果。[2] 罗马帝国鼎盛时期，基督教由东方"邪教"入主西方并转正为国教，西方的"福音"和"救世主"精神借助东方罗盘和领航员扩张开启大航海，吸取东方保留的知识开启文艺复兴时代，进而推动宗教改革、工业革命，并主导世界进程500多年。但是，西方引领世界现代化潮头的强势，固化了西方人自我优越感和中心位置感，淡化了东方文明对其强健肌体的滋养，也习惯了以自己为圆点丈量和记录世界的变化。环地中海研究和环地中海学的使命之一，就是破解西方中心论，让历史和现实认知正确归位。

（二）环地中海研究的几个特点

作为一门跨地区、跨文化、跨领域的交叉学科，环地中海研究必须注意到环地中海地区文明与发展的鲜明特点：从环地中海地区文明发轫后近7000年的大历史进程看，环地中海文明圈是

---

〔1〕 约翰·朱利叶斯·诺维奇著,殷亚平等译:《地中海史》,上海:中国出版集团东方出版中心,2011年版,第20页。

〔2〕 布雷斯特德著,马丽娟译:《地中海的衰落》,北京:中国友谊出版社,2015年版,第35页。

多个始发文明、多种地域文明和多种不同类型文明杂糅共生、承前启后、相互接触、彼此影响、取长补短、难舍难分的变动过程，既有各自的谱系和脉络，又彼此呼应和共构，犹如不同涓流曲折反复最终汇入同一条归途——地中海文明。其中，多源一体、共构互塑、吸收传承和彼此高度依存是最显著特点，而相关的研究则存在明显的失衡性，使得环地中海学确立、挖掘和扩展，存在着潜力无限的巨大空间和光明前景。

1. 多源一体。地中海文明圈包含了古代"已知世界"绝大多数文明形态，包括起源最早的两河文明、埃及文明，以及它们的"晚学"腓尼基文明、希腊文明、犹太文明、波斯文明、迦太基文明、罗马文明、非洲文明（如柏柏尔文明和努比亚文明）、阿拉伯-伊斯兰文明、奥斯曼文明……历史学家当然会根据文明演进时间划分几个代际，形成横向的多个分布于地中海南北岸或东西地中海的文明群落，纵向跨越数千年的历史年谱。没有如此分布广阔、千姿百态的同一代际的不同文明，没有不同文明在横向交互的同时沿时间之轴向后延伸，就无法形成蔚为大观的地中海文明，而成为后人无法解释的文明孤星，如玛雅文化、三星堆文化。因此，审视地中海文明必须既要看到不同文明的独立缘起、各自发展，又要看到它们殊途同归、百川汇海；既要见到不同文明的个性、差异性，也要看到它们作为"近亲"甚至"姻亲"的共性、同质性；既要看到局域文明的发生、发展和衰落，也要看到整体文明的流变、融合和新生。因此，必须从环地中海的更高视野来研究地中海文明。

2. 共构互塑性。地中海文明十分璀璨，构成这个文明整体的各个不同文明形态相映生辉，通过相互传播、渗透、影响和借鉴，吸纳了新鲜血液和成长养分，进而形成了强烈而鲜明的共构和互塑性。换言之，能够留在历史长河里的地中海文明诸分支流派，都具有其他文明所不具备，或高或优于其他文明的发明、发现、创造或提粹成果，进而构成了丰富的养分而茁壮成长，并惠及同一代际的其他文明形态。以两河流域文明为例，大致同时代的互相交往，无论通过商业贸易，还是战争讨伐，都把自己的文明成果输出给对方，也都自然吸取了对方的可取之处，逐步形成你中有我、我中有你的血肉关系。两河流域的楔形文字、埃及的象形文字，最终通过源自闪米特的腓尼基人吸收、兼容、简化，成为西方文字的先祖，而西方文字包括希腊化文明又反过来改造了两河文明和埃及文明的后代，影响延续至近现代。古埃及圣庙、祭祀甚至柱形建筑和金字塔式神庙，"蛙跳"克里特岛，北上希腊诸城邦特别是雅典，明显影响了希腊罗马的信仰和建筑、雕塑艺术，而希腊罗马在统治埃及后又反过来用这些带着古埃及基因的文化反哺、改造埃及文明，为其衰落的躯体注入新生气息。有人称，波斯琐罗亚斯德信仰（拜火教）是一神教之祖，岂不知，早在琐罗亚斯德传教于西亚前的两三千年，埃及即有过短暂的一神教，相比其他地方要早几个世纪。[1] 至于一以贯之的犹太教，从其传说中的第一代"教宗"，即亚伯拉罕听从父命率家人寻找应许之地起，就早于琐罗亚斯德传教至少 1000 年。一神教的创世说，同样远早于琐罗亚斯德教传播时代，而且完全可以从更早的古埃及庞大神系中看到母版。至于感灵受孕的"三位一体"，既可以在古埃及宗教、古希腊神话里找到来踪，也可以在琐罗亚斯德故事里发现类同情结。晚于波斯文明整体崛起的阿拉伯帝国，在宗教上改造了波斯人，然而，在文化上波斯却是阿拉伯人最重要的老师。[2] 至于猪肉禁忌，这几乎是从古埃及人

---

〔1〕 布雷斯特德著，马丽娟译：《地中海的衰落》，北京：中国友谊出版社，2015 年版，第 93 页。

〔2〕 史继忠：《地中海——世界文化的旋涡》，北京：当代中国出版社，2004 年版，第 117 页。

到闪米特人、波斯人的共同饮食价值取向，现在尚未考证出谁先立规而谁又追随。在古地中海文明圈的雕塑、绘画、石刻等各种形态的艺术品中，无论是南岸还是北岸，飞禽、走兽、鱼鳖形象得到大量运用，但是，人类最早驯化作为家畜的猪却唯独缺位或者只零星可见，这也是需要搞清楚谁影响谁的问题，也同样是需要依托环地中海学的大范畴来思考与发掘的奇特现象。

3. 明显的传承性。环地中海文明具有明显的传承性，而且这种传承性是多向度、多层次的。既有同一文明形态的纵向垂直传承，也有异质文明横向借鉴、吸收、光大后又转手垂直传续的，甚至还有在某些发明创造、生产生活方式方面跨越辽阔地域和漫长岁月的集体"击鼓传花"。比如，多数学者考证，马匹的驯养源自今天中亚的塔吉克斯坦，而马匹进入经济生活领域时则已西迁至伊朗高原北部乌尔米耶湖一带，亚述帝国的崛起开辟了马匹军事化用途的新时代，包括发明马鞍、马镫等控制马匹的器具，形成"人马一体"单兵作战模式，进而创建了人类最早的兵种——骑兵。随后，西亚希克索斯人又赋予马匹更大的运载和冲击能力，发明了马拉战车并西传进入埃及，形成人类历史最早的大型动力机械装备。马其顿东征将希腊文化南传埃及、东输亚洲最远至印度河流域和帕米尔高原，深刻影响了埃及立体绘画和塑像，也显著影响了古代中亚地区佛像的形制变化。至于宗教方面的传承性更毋庸赘言，希腊神话中的海神波塞冬源自北非利比亚，重要女神之一伊西丝等及半人半神观念源自埃及，犹太教传上帝用亚当肋骨创造夏娃、宁禄射日、巴别塔以及大洪荒典故均来自两河流域。这些不同文明形态的接力赛和马拉松，也使得当代人必须将地中海视野扩大至环地中海，将地中海学升级为环地中海学，从更抽离、更超脱、更欣赏和更为全面的角度来观察和研究环地中海文明的内在关系。

4. 高度的依存性。正因为环地中海文明有着高度的同源一体、强烈的共构互塑和明显的相互传承，才使得整个环地中海文明无论是不同板块之间，还是不同代际之间，都存在高度的依存性，除了苏美尔人来源不详这个学术疑点，似乎环地中海文明森林里找不到任何单一生产和发展、突然出现而又神秘消失的参天大树。因为环地中海地区客体本身的内部呈现出高度的依存性。无论是精神信仰的你中有我和我中有你，还是语言文字的互相渗透和彼此借用，抑或是权力形态和组织制度的相似、借鉴和传承，乃至发明、创造和日常物用的接近、相仿乃至同质化，都体现了明显的地中海气息。地中海历史和文明在同一血脉和基因下的外在表现犹如水晶球般千姿百态，实际上对单一、局部、片面的研究视角、思路和方式提出了全新要求，也呼唤产生超越前人的综合学问，即环地中海学。

五、结语

从终极意义上讲，任何社会的人文与社会科学的发展和进步都有利于整个人类社会群体知识的传承、发展和全人类文明的延续与演进。毫无疑问，区域国别研究在这一宏大的历史使命中发挥着至关重要的作用，具有举足轻重的地位。作为区域国别研究中的一个重要单元，环地中海研究自然亦承载这一光荣而艰巨的历史使命。

从学理意义上讲，环地中海研究有利于推动我国环地中海学科的孕育、形成与发展。[1] 目前，学术界在研究、探讨和分析环地中海地区问题时，依然更多地从欧亚非三洲这一大视角来割

---

〔1〕 就区域国别研究对学科发展的促进作用，参见周烈：《高校智库助力国别和区域研究》，载《中国社会科学报》，2019 年 6 月 6 日，第 2 版。

裂地审视和看待，将地中海北岸国家置于欧洲视域下研究和分析，将地中海东岸即黎凡特地区置于亚洲视域下进行探讨和分析，而将地中海南岸国家置于中东或非洲这一视域下进行研究、探讨和分析。然而，环地中海区域有其内在的整体统一性，通过环地中海区域相关研究的持续不断发展与进步，可倡导、推动构建并强化环地中海区域研究视角，从而最终推动环地中海学的发展与进步。

从现实意义言之，随着中国海外利益不断拓展，比如，环地中海区域是我国推动"一带一路"建设的关键节点区域，该区域在我国外交中的重要性亦日益凸显。为了增进和维护我国在该区域的利益，近年来，中国越来越积极地参与在环地中海地区的活动，包括创建中国–南欧部门合作论坛，投资运输、能源和电信基础设施等。

然而，迄今为止，我们尚无系统性的环地中海区域战略规划。一方面，这源于我们习惯性地将环地中海区域的相应组成部分分别置于北非、中东、东南欧、西欧区域中进行审视和看待。如此安排会导致环地中海区域整体战略规划的重要性和必要性直线下降。另一方面，目前我国在环地中海区域话语、学科和理论建构方面依然呈现缺失状态。当然，导致这一现象的直接原因是对环地中海区域研究的重视程度有待提升，研究亟需增强。学理缺失势必无法形成和支持必要的政策和战略规划。

总之，积极推进环地中海研究，促进环地中海学科建设和发展，最终建构环地中海理论是现实需要，是学理召唤，亦是文明和文化发展之需。我们希望，《环地中海学刊》的创刊创办将为之提供一个平台，并在此过程中发挥建设性作用和积极意义。

建立环地中海学的必要性和可行性

于　沛　中国社会科学院中国历史研究院研究员

　　内容摘要：区域国别研究是当代中国学术发展的一个新的增长点，区域国别学呼之欲出。立足交叉学科的区域国别研究和环地中海学体现了对新文科建设如何走出一条新路的思考。《环地中海学刊》是中国乃至全球首本专注于环地中海学科体系、学术体系及话语体系建构的学术期刊。

　　关键词：环地中海学　区域国别研究　环地中海学刊

　　环地中海学的建构是时代的呼唤和中国社会发展的需要。本文拟从区域国别研究与区域国别学、区域国别研究视域下的环地中海学、新文科建设三个层面，就建立环地中海学的必要性和可行性、《环地中海学刊》的创办和发展谈谈自己的看法，希冀抛砖引玉、集思广益，共同助推我国环地中海学的建设和发展，为环地中海研究院和《环地中海学刊》今后能够取得更大成就，为中国哲学社会科学繁荣发展，作出更多更大贡献。

一、区域国别研究与区域国别学

区域国别研究是当代中国学术发展的一个新的增长点，"区域国别学"呼之欲出。

2021 年年底，在中国历史研究院召开了两次比较重要的研讨会。会议的主题是同一个，即"大变局视域下的世界历史研究"，会议涉及世界历史研究中面临的一个现实问题，即如何编撰一部有中国特点和时代精神的"新"全球史。在国际史坛上，有关全球史的著作在近半个世纪以来层出不穷。如麦克尼尔、斯塔夫里阿诺斯、本特利（Jerry Bentley）、齐格勒（Philip Ziegler），以及柄谷行人等人的著作都曾风靡一时，至今广受欢迎，这些著作几乎都有中文译本且在国内影响广泛。在这种情况下，满怀信心地走向未来的中国世界史研究，自然不能长期失语，要尽快拿出自己的作品。

受新冠肺炎疫情影响，出席两次会议的学者都不多，但在京的与世界史研究相关的领导、活跃在教学与科研一线的教授们多应邀与会，并认真准备了发言。如刘新成（全国政协）、高翔（中国历史研究院）、武寅（中国社会科学院）、钱乘旦（北京大学）、刘北城（清华大学）、邢广程（中国社会科学院边疆所）、李红岩（中国社会科学院）、彭刚（清华大学）、彭小瑜（北京大学）、孟广林（人民大学）、刘文明（首都师范大学）、薄洁萍（《光明日报》）等。

在讨论如何在新的历史条件下研究世界史，撰写"新"全球史时，自然涉及区域国别史研究。这是时代使然，具体说：一是中国用几十年时间实现了从落后于时代，到大踏步赶上时代，进而在某些方面开始引领时代的跨越。中华民族伟大复兴进入了不可逆转的历史进程。二是当今世界正在经历百年未有之大变局，这场变局是深刻而宏阔的时代之变。中国是历史大变局中最大的良性变量，日益走近世界舞台中央。新时代的世界史研究有新的责任、新的使命和新的社会担当。

早在胡锦涛同志主持中央工作的时候，区域国别研究（不仅仅是区域国别史）就已经提上日程，通过教育部在高校建立了诸多的区域国别问题研究机构。随着这一研究的重要性日益凸显，教育部在 2015 年印发了《国别和区域研究基地培育和建设暂行办法》，强调"为促进教育深化改革和对外开放，支持高等学校深入开展国别和区域研究工作"。我国的区域国别研究进入快速发展时期。

2019 年 1 月，党中央决定成立中国历史研究院，笔者服务的世界历史研究所成为中国历史研究院的一员，并新设立了太平洋与太平洋国家史研究室。太平洋是地球第一大洋，覆盖着地球约 46% 的水面，西面为亚洲、大洋洲，东面为南美洲、北美洲，太平洋地区有 30 余个国家。这一研究室的研究内容包括环太平洋及跨太平洋地区国家，以及这一地区和这些国家自然地理、生态环境、文化观念、人口变迁、政治、经济、历史等。此外，从长远上看，这些研究对于培育、培养中华民族的海洋意识也有积极意义。"海兴国兴，海衰国衰""谁控制了海洋，谁就控制了世界"这些人们耳熟能详的命题，不断被赋予新的现代意义。适应时代的变化，不断增强海洋意识，不仅仅通过国民教育体系，学术研究在这方面也有许多工作要做。

近年来，西方国家的海洋史、海洋文明研究迅速发展，太平洋史、大西洋史、地中海史、黑海史、波罗的海史等的著作陆续出版。这和世界格局的演变有关，也和海洋史这一原本比较模糊的概念变得更加清晰有关。西方史学在二战后的明显变化，在这些海洋史著述中更加凸显，即历史学与相关学科的联系愈来愈密切（交叉或横断），传统历史学界限变得愈加模糊，更加重视理论描述，关注现实的问题意识在不断加强。海洋史研究最初特指研究人类海上活动的历史，但这个定义早已过时，为学术界所摒弃。当前中国史学界的共识是：海洋史研究是采用跨学科研究方法，对人与海洋相互作用进行研究，是全球史研究不可或缺的内容。以上这些，对于思考建立环地中海学的必要性和可行性，似有一定借鉴意义。

二、新文科建设路径创新与推进环地中海研究的思考

2021 年 11 月 17 日，国务院学位委员会印发了《交叉学科设置与管理办法（试行）》的通知。文件里面谈到学科交叉是当前科学技术发展的重大特征，这个问题很重要。"学科交叉"是新学科产生的重要源泉、动因，是培养复合型创新人才的有效途径，是经济社会发展的内在需求。

党中央、国务院高度重视交叉学科发展，习近平总书记多次指出，厚实学科基础，培育新兴交叉学科生长点，要下大气力组建交叉学科群，鼓励具备条件的高校积极设置基础研究、交叉学科相关学科专业，用好学科交叉融合的催化剂。个人认为，环地中海研究院的建立符合党中央的精神，国务院学位委员会的相关文件对我们建设好、发展好环地中海研究院有重要的指导意义。此言非虚，若要认真解读和细化文件内容，就是要从自己的特点出发，从国家的需要出发，把研究团队的研究工作建立在对当前中国、当前世界的一系列复杂问题的思考上。环地中海研究院开展所有工作，都首先要做顶层设计。这对推动环地中海研究院更

上一层楼是个好机会，更是一个机遇。

按照党中央、国务院关于深化高等院校学科专业体系改革部署，经国务院学位委员会批准，我国早在 2020 年就设置了交叉学科门类，但是当前对交叉学科概念的内涵认知还不统一，社会公众对其认识不够深，亟需进一步加强引导。环地中海研究院成立于 2019 年 12 月，是教育部国别和区域研究备案中心，也是中国唯一的同类国别和区域研究平台。自成立以来，环地中海研究院始终秉持服务于国家治理与战略需要，在政策咨询、学术研究、环地中海热点问题解读方面取得明显成果。在笔者看来，关于"交叉学科概念的内涵"的认识，学界已经通过探索和实践作出回答，虽然这一认识还有待在实践中进一步深化。

20 世纪 80 年代，改革开放初期，国内曾出现过第一次交叉学科发展的高潮。40 年后的今天又迎来了第二次交叉学科发展的高潮。回溯 40 年来的历史，结合环地中海研究院这两年多的成绩，我们更深刻认识到交叉学科的本质意义在于"交叉"。环地中海研究院卓有成效的工作表明，所谓交叉学科，就是用不同学科的理论与方法，共同去探讨、研究一个需要持续关注、追踪且相对复杂的问题。在各学科的密切联系、开放、交流、沟通、包容中，一个"新学科"会应时而生、应运而来，"环地中海学"正在孕育生成中，衷心祝愿它茁壮成长。

教育部文件提出，基础研究和问题研究并行。这个问题可以进一步明确，努力做到研究对象和研究领域全面覆盖、重点突出，这是辩证法的运用。研究主体的方式多元开放，而协作共享的区域和国别研究相结合，争取以实施国家层面的推进计划为牵引，实现区域和国别研究的持续性科学发展。教育部文件还明确提出，要努力构建基地建设和人才保障并重的新格局，这一点完全适合环地中海研究院，犹如量身定做。

　　国外高校学中国语言文化，不仅是学习汉语，还要学习中国的政治、经济、历史和文化、军事、外交，总之，中国所有的一切都要学，泛称"中国学"。这样，当学生毕业时，不仅仅是在语言上可以从事和中国相关的双边交流活动，而且对中国历史和现实问题的深入研究都具备了一定的基础，具备了独立从事对华政治、经济、文化各个方面联系的基础条件。这为中国高校的外语系改革，为高校开展区域国别研究提供了很好的借鉴。现在国内不少高校的外语学院都重视世界历史的学习，这是一个好现象。

　　区域国别史研究是区域国别研究的重要内容之一。就环地中海研究而言，历史在这里面可能有更为重要的作用。这并非源于笔者的历史学科学历背景，或者在世界历史研究所的工作经历。毛泽东讲过一句很有名的话，研究任何问题要从历史的分析开始，这是一个很重要的思想方法，也是一个很重要的原则。习近平主席治国理政的一个很重要的特点，就是重视历史、现实、未来之间内在的辩证联系，提出大历史观，把过去、现在、未来作为一个有机的整体结合在一起。笔者曾在一次学术报告里用比较长的篇幅介绍了西方学术文化的两个新概念，即"历史的现实"和"现实的历史"。讲现实时，要强调是"历史的"现实，不存在无本之木的"现实"，反之亦然。在西方的世界现代史研究中，英国作家乔治·奥威尔提出的"掌握了过去就控制了未来"的命题重被热议。在他们看来，"历史就是关于先后发生的一系列事件，这些事件促生了我们今天的生活。……是否可以进一步改变我们生活的世界，以及如何改变它，理解是关键"。[1]今天，人类社会正处在全球性的大发展、大变革、大调

――――――――

　　[1]　克里斯·哈曼著,潘洋译:《世界人民的历史》(上),北京:北京大学出版社,2017年版,第3页。

整、大转折之中，国内外诸多史家更加敬畏历史，为今天、更是为了明天去思考历史、研究历史。

环地中海研究，虽然已有布罗代尔《菲利普二世时代的地中海和地中海世界》，自然不可能要求我们的环地中海研究，立即和布罗代尔的研究有同等的国际声誉。但是，从中国实际出发的环地中海研究，其社会意义、社会价值、学术影响会比布罗代尔的研究更为重要。在建设中国特色社会主义的大背景之下，中国正在走一条人类从来没有走过的道路，并取得了前人从来没有取得过的辉煌成就。环地中海研究和环地中海学的建立，和实现中华民族伟大复兴这一宏图伟业密切联系在一起，这是其全部工作的坚实基础。随着时间的推移，环地中海研究和建立环地中海学的可能性、现实性，以及它的不可替代价值，将会为越来越多的人所认识和认同。

三、环地中海研究院和《环地中海学刊》的现代价值

地中海是欧洲、非洲和亚洲大陆之间的一块海域，是世界最大的陆间海。沿岸国家有法国、摩纳哥、意大利、斯洛文尼亚、克罗地亚、黑山、阿尔巴尼亚、希腊、西班牙、马耳他、土耳其、叙利亚、塞浦路斯、黎巴嫩、以色列、埃及、利比亚、突尼斯和阿尔及利亚，重要海港有巴塞罗那、巴伦西亚、马赛、土伦、热那亚、比萨、塔兰托、巴勒莫、威尼斯、那不勒斯、突尼斯港、的黎波里、亚历山大、塞得港、雅典、达尔贝达（卡萨布兰卡），此外，重要的城市还有罗马、伊斯坦布尔、开罗、瓦莱塔等。地中海沿岸是古埃及、古巴比伦、波斯帝国等古代文明的发祥地，还是爱琴文明、古希腊文明等欧洲文明，以及古罗马帝国的发源地。毋庸讳言，无论是过去、现在或未来，环地中海区

域都是足以影响甚至改变世界历史进程的重要地区。

随着中国特色社会主义进入新时代，中国和世界的关系也发生了历史性的变化。在新的历史条件下，中国满怀信心地走向世界、走向未来时，环地中海研究院对环地中海展开全面研究，从理论与实践、历史与实践的结合上建立环地中海学，具有重要的理论意义和现实意义。

环地中海研究院聚焦伊斯兰文明、基督教文明和非洲三大文明，聚焦这三大区域组织的交互和融合，尤其侧重重大振兴和应用型研究，政治、外交、安全、宗教、经济、贸易、产业投资、商务、法务、航运等。这些研究表现出基础研究和应用研究、对策性研究并重的特点。中国社科院提出基础理论研究与应用对策研究融合发展。笔者担任世界历史研究所所长期间，陈奎元院长提出要重视基础理论研究，在此基础之上关注现实、服务大局。在笔者看来，这些提法的基本含义是一致的。没有基础研究，没有基础理论的研究，其他研究就走不远，到达一定的高度后就再也不能达到更高高度。只有这两方面的完美结合，才能产生有影响力、有渗透力的精品，更好地为中国特色社会主义服务。

另外，浙江外国语学院的环地中海研究院，不能够脱离浙江，不能够脱离浙江省的历史、现实和未来。研究院核心宗旨是立足浙江和长三角，心怀祖国，放眼世界，聚焦环地中海，服务"一带一路"倡议和浙江及长三角外向型经济发展。这些内容可以和国家战略很好地结合在一起，结合的越完美，环地中海研究院的吸引力就越大，生命力就越强，贡献就越多，就会站得更高，走得更远。对任何一个区域国别的研究机构来说，是否重视基础理论研究，是否重视地域、国家和世界的辩证联系，都决定着这个机构的水平、能力、潜力和未来。环地中海研究院可以在原有基础之上对这一问题给予更多关注。

目前，中国历史研究院正在做两件大事，一是新编多卷本《中国通史》，二是八卷本《非洲通史》。这些研究虽然和环地中海研究院的研究内容有所不同，但它作为中国学术文化，作为中国哲学社会科学，作为中国特色社会主义文化建设中的一部分，两者有相通之处，就是在学术上、学理上精益求精的基础上，更多更充分地实现它的社会功能，为社会发展服务，为中国特色社会主义服务。笔者认为，这值得研究院认真考虑。

《环地中海学刊》是中国乃至全球首本专注于环地中海学科体系、学术体系及话语体系建构的学术期刊。它以推进我国乃至全球环地中海学的发展为己任。这一定位和起点非常鼓舞人心，于殿利教授在马晓霖任院长的环地中海研究院来从事这项工作，就更加鼓舞人心。在世界历史研究所、《史学理论研究》编辑部，笔者经常强调编研结合，编辑出版工作要和研究结合在一起。于殿利也谈到研究和出版是天然的结盟，情况确实是这样。这么多年他备受尊重的原因之一，就是他作为出版家，学术研究成果却又是那么丰厚。人们对《环地中海学刊》寄予很大的希望，因为它成长在浙江外国语学院环地中海研究院的沃土上，这为其在编研结合等方面形成全面、高质量发展提供了切实保证。在这方面，天津师范大学的《社会经济史评论》、上海师范大学的《世界史评论》堪称榜样，值得学习。经过多年的辛勤耕耘，这两家杂志已经通过邮政公开发行，在中外史坛日渐产生广泛的影响。

在谈到《环地中海学刊》时，反复强调环地中海学的学科体系、学术体系和话语体系建构并不过分。因为中国哲学社会科学三大体系的建构是我们这一代哲学社会科学工作者面临的一个历史性任务。近年中国所发生的历史性深刻变化，要从学理上作出科学阐释。中国未来更加辉煌的发展，也要从学理上给予支撑。《环地中海学刊》面临的任务太多了，因为地中海既是一个古老的话题，又是一个年轻的、现实的话题。学世界史、古代史、中世纪史的人都绕不开地中海。对今天世界格局的理解和治理，探讨当今和未来世界经济、政治、文化发展，以及中国走向世界等话题，也绕不开地中海。

办这个刊物，首先要坚守自己的解释权和命名权。这意味着，对待国际学术界约定俗成的或在西方学术文化中有一定影响的内容时，可以选择接受，但是要有自己的解释权和命名权。比如，在以美国为代表的西方学术文化中，在边疆学研究里面他们提出了利益边疆、战略边疆、信息边疆、文化边疆，这些术语可以接受，可以用，但是需要有自己的解释。因为在西方的学术文化里，"利益边疆"等概念是强权政治、霸权主义的同义词。如美国挑起伊拉克战争，它认为这是它的利益边疆所在——石油；对于一些其他国家的入侵，它解释是"文明对野蛮的征伐"，是"人权"。西方的环地中海研究成果，有很多东西值得学习、吸收，当然很多东西要摒弃，要批判，批判和建构是辩证的统一。在《环地中海学刊》中，希望能在这些方面看到中国学者的新成果。

为办好环地中海研究院和《环地中海学刊》，最后有两点期望，不揣浅薄提出来请大家来思考。

其一，中国世界历史研究面临的问题，对环地中海研究院有一定的借鉴意义，就是要告别对西方学术的模仿和跟跑。模仿和跟跑是整个过程中的一个阶段，但不能是永远。在 20 世纪 80 年代，世界史研究刚开始恢复和发展时，学习国外学者的理论和方法，学习他们的研究成果，出现对西方学术的模仿和跟跑在所难免，但这只是一个阶段，而不是全部，更不是目的。改革开放以来，经过 40 多年的发展，科学研究要更加自觉地在唯物史观指导下，与中国的实际相结合，与中国优秀的传统文化相结合。但这并不是盲目地否定西方的一切，而是要分析，择其善而取之，广泛汲取人类文明的一切优秀成果。只有这样，我们的学术研究才能把时代的主题，把中国学者的主体意识、家国情怀、社会担当体现出来。

其二，干好任何一件事情都不能脱离实际，要实事求是。几十年过去了，这四个字，我几乎每天都在听，但真正理解其含义，是在2021年建党100周年学习中国共产党历史时。要办好《环地中海学刊》，也要实事求是，这就要思考一个问题，实事求是，这"实事"是什么？对这个问题，应该有一个特别清晰、特别准确的回答。

第一个实事，就是习近平主席所说："今天的世界，国际形势正发生前所未有之大变局。"[1]所谓"前所未有之大变局"，主要是指延续了500多年由西方主导的国际体系和国际秩序正发生着深刻调整。世界经济版图正在重新组合；国际力量的对比已发生革命性变化；新一轮科技革命和产业变革加快重塑世界；全球治理体系和机制变革呼唤着国际新秩序；维护人类文明多样性不断出现新的态势。历史大变局中，中国成为最大的良性变量，日益走近世界舞台的中央。笔者认为这一实事是我们思考问题的最基本出发点。

第二个实事，就是当代中国正经历着我国历史上最广泛而深刻的社会变革，也正在进行着人类历史上宏大而独特的实践创新，这种前无古人的伟大实践必将给理论创造、学术繁荣提供强大动力和广阔空间。这是一个需要理论而且一定能够产生理论的时代，这是一个需要思想而且一定能够产生思想的时代。社会大变革的时代，一定是哲学、社会科学大发展的时代。我们不能辜

---

〔1〕 习近平:《在庆祝中国人民解放军建军90周年大会上的讲话》,载《求是》,2017年8月1日,第15期。

负这个时代。这两个重大的实事，是办好环地中海研究院和《环地中海学刊》的前提，是思考问题、回答问题、解决问题的重要出发点。

中西文明比较视野下的《环地中海学刊》建设

蒋重跃　北京师范大学历史学院教授

内容摘要：中国人的天下观与西方传统里根深蒂固的城邦观各有自己的特征，它们的异同即使在当今时代也能够明显地体会到，尤其是 2020 年新冠肺炎疫情暴发以来，有了更深的体会。古代中国的天下观对于今天的人们有启发意义。我国 5000 年连续不断的文明史，我们在历史观上的三世说、大同说，我们的第三阶段的理想，是为人类走向永久和平的一个文化贡献。而《环地中海学刊》在建设过程中宜坚持学术性、理论性，努力建构和掌握环地中海学的话语体系、古今关照。

关键词：中西文明比较　环地中海学　环地中海学刊

一、环地中海问题知识关联性的建构

对于环地中海的问题，最初虽感到有些许陌生，但是盘点一下自己的知识储备，有些内容还是有一点关系的。至少包括如下四个方面。

其一，我曾经阅读过犹太教和基督教《圣经》。20 世纪 80 年代后期，我在《社会科学辑刊》做编辑。我曾以"天天读"的方式阅读英文版《圣经》。每天读两三页，两年半时间通读完毕，不但对内容有了贯通了解，还收获了数量不少的旁批。不管是作为犹太教经典的《希伯来圣经》，还是作为基督教经典的《新旧约全书》，都跟地中海有关系。阅读《圣经》对于理解地中海应该会很有帮助。

其二，基于自己的专业，我把古代希腊罗马作为阅读对象。当年，我和于殿利教授同时考进北京师范大学世界史专业，做中西比较研究。我对希腊很有兴趣，主要做柏拉图、亚里士多德与中国思想的比较研究。最近这两年，我越来越对古希腊的城邦观与古代中国天下观的比较研究感兴趣。中国人的天下观与西方传统里根深蒂固的城邦观各有自己的特征，它们的异同即使在当今时代也能够明显地体会到，尤其是 2020 年新冠肺炎疫情暴发以来，有了更深的体会。

什么叫城邦观呢？简单地说，城邦观就是站在城邦的立场看世界的观点。城邦的第一条原则是独立。那么，为了生存，利益相同的城邦就要结盟，利益冲突的城邦就可能发生战争。结盟是西方国际关系中常见的行为，它是西方国际社会内在结构的必然结果，就像源于基因的某些疾病一样。中国人自秦朝以后基本上不习惯这个东西。一说起不平等条约，诸如割地、赔款等，在中国是无法容忍的。可是在希腊世界、罗马世界到近现代世界，打仗、割地、赔款，却是常见的现象。现在的世界，有很大区域的和平主要是靠不同联盟之间的对抗和均势来维持的。危机是非常严重的，和平很脆弱。

再比如我们常说霸权主义，为什么会有霸权主义、零和博弈、修昔底德陷阱？外国人读中国历史，读到坑杀降卒多少万，觉得不可接受。可是古罗马人灭了迦太基，战斗之惨烈自不必说，战胜后对迦太基实行屠城政策，妇孺卖为奴隶，其残酷程度绝不亚于世界上任何国度。

再说自由。希腊人为什么那么重视自由？道理很简单。因为他们生活在城邦体制下，几乎随时都面临着亡国的危险。亡国的结果也很简单，被战胜者变卖为奴！我们中国人对自由总是若有若无的，为什么呢？大哲学家康德说过，中国幅员辽阔，没有什么了不起的外敌。他说得有一定道理。亡国灭种、整族变卖为奴的可能性不大，所以自由不自由并不是一个必须回答的问题。康德生活的时代相当于清朝乾隆年间，那时中国的确还没有见到强大的外敌入侵。在我看来，中国一直奉行天下观，即以天下大同为最高理想。持这个理想的，讲究天下一家，四海之内皆兄弟也，只有友爱，何来自由不自由！

总之，诸如此类的一系列问题都是中西比较视野要关注的根本性问题。中西比较视野对于环地中海研究，应该也是适用的。

其三，我的一项兼职工作与环地中海有关。这几年，我每年都在中国政法大学做几次演讲，题目是同一个："17世纪—18世纪印度莫卧儿、土耳其奥斯曼和中华大清国的比较研究"，奥斯曼就属于环地中海的范畴。

其四，在国外留学期间，我的专业方向是比较宗教学，于是就有了一段阅读巴哈教经典的经历。巴哈教在中国又有"巴哈伊教""大同教"的译法，它是 19 世纪从什叶派分立出来的一个异端教派，在世界上还是一个年轻的宗教。它的创立者叫巴哈·欧拉。19 世纪中叶，他被奥斯曼当局关押在海法的监狱，其间创立该教派。后来，他的儿子阿卜杜·巴哈、外孙沙基·爱芬迪接力传教，使这个宗教传遍全世界。巴哈教在社会领域、国际关系领域的许多主张与中国的世界观相似，它主张人类不分种族、肤色、阶级，人人平等；它反对战争，主张建立全世界的总政府，以实现世界永久和平；它甚至提出未来的世界前途要看中国。

以上是我的知识背景中与环地中海相关的内容，姑且当作探讨本文主题的一个缘起。

二、中西比较研究与环地中海的关系

接下来，我想谈谈我所做的中西比较研究及其与环地中海研究间可能存在的关系。

北京师范大学历史学院于 2020 年成立了"中西文明比较研究中心"。成立这个中心有三个宗旨：一是"通古今"。虽然研究历史、古代史，听起来距离今天非常遥远，实则不然。古今是相通的，今是从古而来的，不知古就不能知今；今包含着古，这是大家能够切实了解的，知今才能更好知古。中国东汉的思想家王充说过："知古不知今，谓之陆沉，知今不知古，谓之盲瞽。"不通古今就不能很好地研究历史。

二是"兼中西"。中即中国。西在古代主要是指希腊、罗马，在近代主要是指西欧，当代则是指西欧、北美，这是狭义的"西"，近代中国人称作"泰西"；广义的"西"，则是指中国以西，还要加上西域的中国境外部分，包括西亚、北非、东欧、南欧。这些地区一方面与中国有着悠久的交通史，另一方面，又与中国有着可资比较的宝贵因素。

三是"跨学科"。现在人们越来越清醒地认识到，学术研究要以问题为导向，只要以问题为导向，就一定要跨学科。多年来，学术思维和视野局限在一个个学科里面，学习知识、从事研究都是在逼仄的框架内进行的，问题一旦超出学科范围，就束手无策，因此，许多深刻的、有价值的学术问题得不到研究。意识到了这一层，下一步的研究就一定要朝着跨学科的方向努力。

在这三个宗旨中，与环地中海研究关系更紧密的是"兼中西"。

正如前文所言，古今是相通的。我主要是研究古代史的，也就是古希腊、古罗马的历史。古希腊、古罗马说起来很遥远，其实与当下息息相关。今天的美国号称是"公民社会"，有"陪审法庭"，讲究"自由权利"，在国际关系上喜欢搞零和博弈、以邻为壑、结盟主义、霸权主义、帝国主义，所有这些都是古代希腊城邦、古代罗马共和国及古代罗马帝国流行的东西。政治原则和政治制度是不能凭空想象出来的，他们也没有可以作别样想象的资源。

再比如世界历史发展前景问题，也就是世界永久和平问题，西方世界到 18 世纪还没有形成一套系统而合理的设想。在此可以将中西各自有的思想和制度作个比较。中国有公羊学，东汉公羊学家何休借为《春秋公羊传》作解诂的机会，表达了对世界历史及其发展前景的看法。他把历史划分为三个阶段，第一阶段特点是"内其国而外诸夏"，指的是春秋前期华夏诸侯国奉行的原则，即以自己的小国、小邦为内，以同为华夏的其他小国、小邦为外。何休用"衰乱世"来命名这一阶段，显然是一种批评。这是一种怎样的制度和原则呢？揆诸西方历史可知，这不就是希腊的城邦时代吗？公元前 8 世纪—前 4 世纪，在古代地中海的大部分区域，希腊人建立了数以百计的城邦，可是却从来没有建成过统一的希腊国家。原因就是他们都是以各自的邦为内，以同为希腊人的其他邦为外，互相争斗，结盟、签订条约、割地、赔款经常发生，对失败的城邦实施屠城，把战败者卖为奴隶，这套做法并不鲜见。雅典，这个汉语译名多美呀，当年我们的老师在讲到雅典，讲到雅典的民主制度，讲到梭伦改革发布《解负令》，禁止公民因负债而卖身为奴，已经沦为债奴且卖往外邦的公民由雅典城邦出钱赎回，恢复自由身份，并且永远不许把雅典公民变为奴隶，讲到这里，老师都禁不住热泪盈眶！可是想没想过，那么典雅的国度，对待敌对城邦，对待不服从其霸权的其他邦国，竟然又是那么的残酷！这就是雅典民主精神。这种内外有别的精神在西方社会是根深蒂固的，即使到了今天，仍然深深地浸透在西方社会制度的骨髓之中。对此，我们有些同胞还不以为然呢。

何休把第二阶段叫作"升平世"，特点是"内诸夏而外夷狄"。就是华夏人把华夏人当作一家人，其他族就不是一家人。这在西方相当于什么阶段呢？相当于《威斯特伐利亚和约》后形成的近代国际关系，即民族国家阶段。近代以来的西方人用 nation 表示国家，同时又指民族，一个国家就是一个民族，外国就是异族，国与国的矛盾同时就是民族矛盾。这种观念的后果就是两次世界大战，国与国之间开战，族与族之间开战，联盟与联盟之间开战，给人类造成极大伤害。

西方的民族国家阶段一直延续到今天，并没有成系统的第三阶段的出现。可是何休还有第三阶段的设想呢！他把这个阶段叫作"太平世"，特点是"著治太平，夷狄进至于爵，天下远近小大若一"，也就是以"大同"为标志的天下观。中国古代的大同并不是简单的口号，还有具体制度的设计，五服、分封、郡县，这些是西方所没有的。

我不是说何休的"三世说"可以拿来当作处理当代国际关系的准则，我是想说，古代中国的天下观，对于今天的人们是有启发意义的，今天的世界应该找到怎样的理想原则和制度设计？研究环地中海文明也需要考虑这样的问题。

那么，当代世界靠什么来达成永久和平呢？西方人能想到的就是结盟。可是结盟到现在为止并没有获得永久和平，而是在不断地失败。一战之后成立了国联，可是国联无法制止侵略和战争。二战后成立了联合国，77年来，联合国道路并不平顺。现在，中国支持联合国，是因为联合国的原则、构成和规模比较接近中国人的天下观，中国人讲多边主义，希望把联合国变成多边主义的讲坛。18世纪，康德说过，人类的永久和平是所有国家结成一个共同体。目前，联合国是最接近包括"所有国家"的世界性组织。这与中国领导人提出的构建人类命运共同体思想是一致的。

总之，我们所研究的中西比较，其实是在追求大同理想！中国人提出这个主张本身就很了不起了。我想，作环地中海研究，是不是需要这样的战略思考和眼光呢？由此可见，中西比较是一个重要的参考框架。

环地中海研究的政治、经济、军事、文化是怎样的？怎样作综合性的研究？不管哪一项，我们的研究肯定要讲中国本位，这是不容置疑的。我们是中国人，用中文思考和研究。中国有5000年连续不断的文明历史，我们在历史观上还有三世说、大同说，我们的第三阶段理想是为人类走向永久和平作出文化贡献。我们应该有这个文化自信。

作为中国学者，必然要有中国的立场和站位，也就是中华民族的立场和站位。研究环地中海不是为了变成环地中海的人，当然在学术能力上，最好能培养成与环地中海人一样了解环地中海，甚至更好。要能成为那样的人，就必须经过一番艰苦学习和磨炼，就像于殿利教授，他是学楔形文字的，他学进去了，可以用楔形文字史料研究苏美尔、阿卡德和亚述的历史。要学进去，还要跳得出，还得意识到，我们是中国人，一定要把中国人的世界观和价值观灌注到我们的研究中去，我们的研究成果一定要体现中华民族的立场和价值，这一点没有其他选择。

中国本位还表现在研究的深度上。中国文化不是一般的文化，它是贯通天、地、人的文化，是天人合一的文化。中国有文字训诂之学，还有经史子集的各门知识，这与西方人文社会科学有文字音韵之学和各科知识相似。中国人所用的语言文字与西方不同，也有自己的知识系统，但都要讲理性，都要合乎逻辑，都要实事求是。所以中国人学习外国学问，要想取得好成绩，首先必须在自己的文化上有较深的造诣。可能一直有一个误区，以为外语学好了，研究外国的一切就都准备好了；或者学得越像外国人越好，如果能变成外国人那就更好。这恐怕有问题。单纯的外语好不是我们的目的。近代旧中国有这样的外交官，外语好，甚至可以说是变成了外国人，最后终生工作和生活在外国。当然，许多这样的人还在尽一切可能帮助中国，这是值得称赞的。但是，他们毕竟成了外国人，不能像中国人一样为自己的国家服务。把中国人培养成这样的人显然不是目的。以为学好外文就足以搞好研究外国的学问，对于一般水平的人来说，的确是有一定道理的。但是，要想做到更高层次，情况似乎不是这样的。近代史告诉我们，出国留学成绩最大、对中国贡献最大的，往往是那些在出国之前中国学问就有很深造诣的人。梁启超的外文怎么样我不知道，但他到欧洲，发现欧洲哲学家对现代性有反思，在《欧游心影录》中着重加以介绍，表现了与众不同的眼光。相比而言，当时出国的许多学者感兴趣的是杜威、詹姆斯等的实验主义哲学。梁启超显然要高出一筹。为什么呢？当然不是因为外文水平高，而是中国学术根底好，对中国国情有深入了解。此外，像朱光潜、陈康这些人，就是不出国留学，在国内也是了不起的学者。正因为他们对中国文化和学术有深刻的理解，所以才能在强手如林的西方学术界创派立宗。我也出去过，但并没有达到上述学者的造诣。为什么呢？因为学问根基太浅，无法理解人家深刻的东西。能知道的不过就是菜市场每天的物价，超市里周六有哪些商品要降价处理，哪儿的房子租金便宜，4 频道晚上有哪些老电影要播放。但是真正的正宗的文化根本就没有接触到。由此我明白了，你学的东西太浅，只知道皮毛，是无法学习人家深刻的东西的。出去有效果的往往是那些学有所成的人。这就是为什么要讲中国本位的原因之一。

此外，还有一点我们必须讲中国本位的原因，那就是作为中国学者，提出中国人自己的见解，或许才能对人家有用，给人家启发，否则，我们跟人家学，学得再好，也很难达到人家的水平，即使达到了，和人家一样，又有什么意义？学术交流要有同有异，没有同，互相不能理解；完全相同，要你何用？如果超过了国外顶尖学者，那一定是有别样的东西参与其中，那个东西最大的可能是来自母国文化。所以说，一千道一万，要使自己的成果对人家有意义，作为中国人，归根到底，非有深厚的中国学问不可。

还有一个因素必须考虑，那就是在学术素养上，中国的学术方法可以帮助我们有效地学习域外文化。于殿利教授和我共同的老师刘家和先生是这方面的典型。刘老先生用什么办法学外文呢？用中国的训诂学方法！他学外文是按照词根、词源、词义的顺序来学的，查一个词，就像摘一串葡萄，所以学习效率非常高。他与国外学者交流时，遇到关键的英文词，每每能从古希腊或拉丁词根、词源入手，然后再引经据典，对词义及其语用做到释义通透、理解深刻，常常令英语母语人士自叹弗如。要知道，与刘老先生交流的英语母语人士都不是寻常之辈，都是同行中的一流学者。

所以我觉得，办《环地中海学刊》，编辑工作中也要在这方面形成自觉。我们办刊，不单纯是为让国人了解环地中海沿岸的风土人情，或者这个国家的经济，那个国家的石油，如此等等，我们更应该考虑深层次的东西，而且要能从中国人的角度，贡献出能够给对方带来深刻启发的学术成果。我这样说，其实也隐含着这样一个想法，即刊物也应该吸收环地中海国家学者的文章，这样，中国学者和国外学者就可以在学刊这个平台上直接进行交流。

三、关于办好《环地中海学刊》的几点想法

虽然拥有 30 多年的编辑工作经历，时间不短，但要让我谈怎么办刊，还真的很难一下子系统阐释。我根据个人在编刊工作中的一些感受跟大家谈一谈。

《环地中海学刊》有个天然的优势，那就是刊名好。为什么？这个刊名方向明确，一看便知是研究环地中海的。这样它就可以不受学科限制，因为它本身就可以作为一个大的学术领域或学术专题。而专题期刊有一个天然优势，那就是符合问题导向这个学术研究的首要原则。其次，把环地中海作为一个主题来研究，这一刊物占了先机，创办这样一家学术期刊，是有远见卓识的决定。

按常理，要办学术期刊，必然要考虑刊物定位，是一本学术刊物，还是一本时政刊物，还是一本科普刊物？从社会影响力的角度来说，这一点要明确，不能什么都想要。改革开放 40 多年的实践告诉我们，人文社会科学的学术研究和政府决策结合得越来越紧密，互动得越来越频繁、越来越深入。学术研究重视在前人研究的基础上作出创新性推进，国家治理和社会治理同样要在深入了解从前经验的基础上采取更加优化的办法。不要怕办学术性强的期刊会减损社会效益，恰恰相反，很多选题越是学术性强，越是能够给治国理政提供有价值的借鉴。《新华文摘》的读者定位中，党政高级干部占了很大比例，它摘转的许多文章就是学术性很强同时又能给国家和社会治理提供有价值借鉴的优秀成果。

要办成学术期刊，要注意以下几条。第一，不能离开学术。离开了学术就没有创新，没有创新，就成了知识普及，就成了浅层次的普通读物了。比如，许多智库成果是给国家和社会治理"支招"的，一般具有实用价值，但在学术上是否有创新意义，则需要对选题和政策建议作系统交代和论证，否则很难采用。

第二，要有理论性。我曾多次参与全国学术期刊的认证和评优活动，评价一个刊物的优劣，一要看发表的论文在选题上是否具有实践意义，二要看文章是否只有理论深度。比如，一本刊物一期刊载 20 篇文章，如果每一篇都是只具有实用价值的一般性研究，而缺乏理论深度，那么，在读者那里就很难有好的评价。环地中海研究这个主题所涉及的范围内，有那么多一流的哲学家、宗教家、政治家、军事家，研究者和研究成果没有相当的理论深度，显然是不合适的。中国已经发展到如今这个程度，学术研究不能平庸。

第三，要为掌握话语权而努力。我们常说"三大体系"（学科体系、学术体系、话语体系）建设，其中，话语体系指的是通过术语系统的建设，让中国牢牢掌握相关领域的话语权。比如，要破除西方中心论，在术语上就能有所作为。多年来，我们使用的"中东""远东"概念，一看便知是西方人发明的。我们本来有自己的说法，比如，今天的中亚、西亚一带，我们过去叫"西域"，如果再向西，到了欧洲，就叫"泰西"；日本称为"扶桑""东瀛""东洋"；菲律宾、马来西亚、文莱、新加坡称"南洋"；印度称为"西天"；印度洋到非洲称为"西洋"。如今，是否可改用中国传统称呼，是可以研究讨论的话题。如果仅此而已，问题倒也不大。可事实上，我们使用的许多概念术语特别是深层次观念性的内容也是西方的，问题就大了。多年来，我们已经在不知不觉中丧失了自己的世界观，转而按照西方人的世界观来看世界，甚至看我们自己。这个问题比较复杂，但是在今天，我们比近代以来任何时候都更接近中华民族伟大复兴的情况下，的确有必要反省我们的术语系统，有必要厘清当代汉语语义的各种来源，并加以甄别，在掌握中国人的话语权基础上，重建我们的术语体系。《环地中海学刊》属于涉外课题的期刊，它的工作人员有责任在约稿、选稿、审稿工作中提高这方面的自觉性，和作者一道，在学术语言、理论语言上，根据实际情况，挖掘、恢复和使用中国传统中有价值的概念和术语，做好中外术语的转换和交流工作，以增进互尊互信，而不是完全使用西方的全套术语。在办刊过程中，如果能够有这样的意识，应该是符合这个时代需要的。

第四，要古今关照。如果我们的刊物发表的论文都是研究当代问题的，这当然没什么不可以的。但是，作为学术期刊，尤其是作为有一定理论水准的学术期刊，它的底蕴和厚度就很难显示出来。因为许多问题，如果没有古代历史和文化明晰它们的渊源，那我们的研究可能很难把问题说清楚。人们习惯地认为，现当代距离我们很近，古代距离遥远。其实，在某种情况下，古代距离今天也特别近，有时比现当代距离今天还要更近些。古代的历史文化知识大多经过长期学术筛选，就像大浪淘沙，剩下的资料中精粹知识的含量更高，对今天更有用；而现当代的资料，数量过于庞大且鱼龙混杂，需要下大气力整理、研判、选择、取舍，不能轻易地照单接收，更不能鹦鹉学舌，变成传声筒。比较起来，现当代资料在揭示当代世界本质时的效率可能要低一些。例如，怎样理解当今世界的霸权主义，如果有古希腊历史知识，就很好理解。古代希腊城邦都看重独立、平等，所以无法形成统一大国，为保证安全，就必然选择联盟的方式，而联盟的领导权就是霸权主义形成最直接的前提条件。可是，要从现当代资料入手来研究和理解霸权主义，那首先要在语言文字上破除自由、平等、民主、天赋人权等重重雾障，然后才有可能认识它的本质。还有许多所谓的研究，完全接受现当代西方术语，不承认有霸权主义，甚至认为西方势力就是正义的力量。关于帝国和帝国主义的研究，也存在着同样的问题。

上面四条是与刊物文稿内容相关的问题，下面谈一谈编辑工作方面的问题。

首先，栏目设计。有的所谓"专业刊"只关注一个领域，不设栏目，从目录上看不出全刊文章的分类结构。环地中海研究本身是一个专题，但是它毕竟还是很广泛的，涉及的地理范围很宽广，国别很多，多种文明并存，文化、种族、民族、宗教差异也不小；而且，专题领域也可以包含任何学科。所以，不论是从研究对象，还是从学科属性上看，栏目设计就更重要了。据我所知，栏目设计有几种路径：一是最保守的，即学科栏目，如政治、经济、文化等；二是问题栏目，如石油问题研究、难民问题研究、教派问题研究等；三是按照文明设计栏目，如古埃及文明研究、古希腊文明研究、希伯来文明研究、阿拉伯文明研究等；

四是按地理位置设计栏目，如地中海东岸研究、南岸研究、北岸研究等。这些设计方法各有优缺点。按照学科设立栏目稍显呆板，但最稳妥，可降低敏感性。按问题设栏会很有吸引力，但可能有些许敏感。按教派问题、民族问题设栏，那就直接把敏感问题摆到桌面上了。正如马晓霖教授所言，文明之间有冲突，还有友好，可以用"文明交往"来表示。"交往"这个词比较好，历史上有打仗，也有友好，无论如何，两者都是交往。

可以考虑一些能体现出中国立场的栏目，比如"一带一路与环地中海""环地中海国际合作"等。以文明、文化角度设计栏目有综合性，而且不敏感、不呆板，也是可行的。总之，栏目设计可以集思广益、共同讨论。

其次，编校工作。一是要审查稿件的科学性。审稿和编校是有学问的。一个刊物要办好，办出水平，办出国际性，就要考虑审稿的大问题，把基础理论和实际应用结合起来。在具体审稿工作中，编辑要重视学术标准，尤其要重视审查文稿在研究方法和科学性上做得如何。现在有一种倾向值得注意，那就是做人文社科研究尤其是人文研究时，容易给自己找借口，认为既然是做人文研究，那么想怎么说都可以。因为人文性因人而异，我的人文跟你的人文不一样，我就可以跟你说的不一样。这类问题需要认真对待。人文性当然是随着人群不同而有所不同，但人文学科研究作为当代学术门类是有科学性的。西方人讲爱人，中国人也讲爱人，这是不是人文？当然是，但西方人的爱人讲的是爱上帝意义上的爱人，讲的是个体主义的爱人。中国人讲的爱人是家国天下意义上爱人，是忠孝节义的爱人。可见中西人文精神在爱人主题上是不同的。这没错，但不能拿这种人文性的差异来否定人文研究的科学性。价值观的不同不能作为事实判断中否定科学性的借口。《环地中海学刊》里面肯定涉及人文学科，所以也应该认真对待这个问题。

二是要审查稿件的理论性。理论与学术要分开。我们历来缺乏理论，不光做学术研究的人这么说，我认识一位中央美院的教授朋友，他也认为要重视概念，要讲逻辑，如果概念不清、不求甚解，艺术创作很难出新。长期以来，对理论思维重视不够是我们的缺点。审稿工作中要强调对文稿理论性的审查，没有理论性，就不能开展国际学术对话。下面这个小故事给我留下的印象较深。1992年1月，我在上海外国语学院（上海外国语大学的前身）参加雅思考试，口语考官是英国兰卡斯特大学的讲师托尼。考试中他问我："你研究什么？"我说："我研究《老子》。"他听了一下子兴奋起来，追问："道是什么？"我立刻把《老子》第一章的英译背给他听。他知道我有准备，立刻示意我停止背诵，并进一步追问："道的定义是什么？"我说，《老子》书里面认为道不能定义，定义了就不是道了。他问："不定义你怎么研究呢？"我忘了自己怎么回答的了，总之心里感觉不太舒服。后来渐渐明白了，定义是研究的开端。《老子》认为"常道"不可道说，即不能定义，那是它的根本思想。《老子》是正确的。道是最高概念，因为没有比它更高的属概念和种概念作宾辞，当然就无法定义。但不能由此否认定义是研究具体问题的开端这个基本道理。不定义，研究是没法进行下去的，没有定义就只剩下描述，而仅靠描述不能支撑起整篇文章。所以，作为编辑，要走进文稿，去分析它的结构，要把文章的本质，即内涵定义、外延划分及其基本结构摸清楚，看一看是否合乎理论标准。从事经济学、社会学、心理学方向的人知道，西方学术重视模型，模型就是某类现象的内部结构，即本质。我们总是照搬西方的模型，环地中海研究能否创造出自己的模型，就看能否坚持理论标准、文章作者能否做出理论创造。

最后，写作标准。中国的文章学非常发达，从古至今研究过无数类型的文章，却缺乏学术论文的研究。中国古人写文章基本属于文人创作，讲究文采和气场，不追求科学性、理论性和结构性。这种情况影响到今天的写作。我认为，学术论文论证方法的建设应该成为学术期刊编辑的重要课题。如此，在 21 世纪第 22 个年头，在第一个百年奋斗目标取得辉煌成就的基础上，在国家建设和发展"赶上了时代"的大好形势下，《环地中海学刊》也能赶上时代。

宗教与世俗：埃及政治文明演进的历史轨迹*

王　泰　内蒙古民族大学法学与历史学院教授、世界史研究所所长、中东研究中心主任

内容摘要：2011 年阿拉伯剧变后，出身穆斯林兄弟会的穆尔西上台执政并推行伊斯兰治理，乃至其政权最终覆灭，再次把"建设一个什么样的埃及，怎样建设这样的埃及"的历史难题提了出来。历史地考察，在阿拉伯征服和随后的伊斯兰化进程中，直至今天，埃及都难以摆脱作为宗教和文明体系的伊斯兰的深厚影响，甚至在四大哈里发时期，政教合一的伊斯兰成为一种政体形式。但是，由于埃及政权长期以来具有军事性、外族性和地方性特点，致使其不可避免地走向世俗化。近代以来，随着殖民主义入侵和民族主义崛起，现代伊斯兰主义复兴，埃及政教关系又呈现出非常复杂的交往交流交融关系。但不论政治与宗教关系如何，

* 本文系 2021 年国家社科基金项目"构建中国特色中东史学科三大体系问题研究"（编号 21XSS006）和 2018 年国家社科基金重大项目"伊斯兰教视域下的宗教对话资料整理与研究"（编号 18ZDA234）子课题"伊斯兰教视域下的宗教对话与人类命运共同体的建构"的阶段性成果，并且得到内蒙古自治区"世界史学科提档升级建设项目"的支持。

历经岁月的冲刷洗礼，我们发现最后化成天下的，终究是对文化的自信和对文明的坚守。

关键词：埃及　政治文明　伊斯兰教　文化自信

2011 年爆发的阿拉伯剧变不仅给阿拉伯世界，也给整个中东乃至世界带来巨大冲击和挑战。这一场始于民生、缘于民主的大动荡突然之间把阿拉伯世界长期被掩盖的矛盾和问题几乎全部暴露出来。其中，在政治上最显著的两大现象具有标志性意义，一是在埃及，出身穆斯林兄弟会的穆尔西上台执政，但仅仅在一年后其政权便遭遇覆灭；二是在阿拉伯核心地带，所谓的"伊斯兰国"（ISIS）极端组织高调崛起，一度使中东传统政治秩序和威斯特伐利亚体系框架下的现代民族国家边界遭遇解体危机。因此，作为具有悠久历史文化和文明底色的伊斯兰究竟如何内在地框定了中东国家的政治发展，这个问题再次凸显出在后冷战时代的国家建设和秩序重构中，价值关怀和文明理性的重要性。

一、问题提出及本文视角：建设一个什么样的埃及？

第二次世界大战结束以来的 70 多年时间里，中东一直是世界的热点地区。大国争夺所致复杂的地区格局、油气资源对世界经济的深刻影响、围绕阿以冲突长达半个多世纪的纷争，这些热点问题吸引着人们的眼球，而中东的政治发展却或多或少地被忽略了。冷战的结束开始改变人们观察中东的传统视角，如果以前更多地强调战争与和平、能源与地缘，那么现在则是发展与文化、民族与宗教，特别是后者，其本身极为复杂，却长期被冷战所掩盖，现在则率先冲出"防火墙"，一跃成为新的国际冲突焦点。弗朗西斯·福山高调宣布所谓"历史的终结"，力图通过消除冷战时代来自苏东集团的"社会主义梦魇"，直抒资本主义内心被压抑多年的郁闷与纠结，试图把包括中东国家在内的整个非西方国家可能的发展模式与道路统统拉回资本主义的阵营。然而，作为"后浪"，他还是不及他的老师——著名政治学家塞缪尔·亨廷顿，"前浪"显然更为务实，他比其学生略晚提出"文明的冲突与世界秩序的重建"的重大理论，把伊斯兰文明列为冷战结束后国际秩序重建过程中引起国际冲突的主角之一，急不可待地建构起一整套关于后冷战时代国际政治交往的话语体系。

作为 21 世纪首个堪称"黑天鹅"事件的"9·11"事件之突然发生，使美国遭遇自珍珠港袭击以来本土最大的安全事故，导致西方的战略学家在根深蒂固的传统观念基础上硬是把"文明的冲突"的理论逻辑演绎成一个"正在自我实现的预言"。"9·11"事件之后 20 年的历史进程证明，它不只是"黑天鹅"，而且还是"灰犀牛"。因为随着美国领导的所谓中东反对恐怖主义的战争持续扩大，美国就如当年深陷越战泥潭一样，再次陷入中东战争的泥潭。其结果不仅导致美国总体实力迅速下降，还直接催发了十年后阿拉伯国家，特别是一批共和制国家出现集团式政治动荡。

政治动荡的结果再次提出了有关治理体系、发展道路、地缘形势、国际格局、民族冲突、宗教矛盾、文化形态等问题。与伊斯兰教有直接关系的一个问题就是出身穆斯林兄弟会的穆尔西在埃及上台执政。如果说，在这一场惊天动地的阿拉伯剧变中，另一个与伊斯兰有关系的因素——所谓"伊斯兰国"的崛起差点使在 20 世纪初形成的中东民族国家政治版图面临被重新改写的话，那么伊斯兰主义者在埃及这个阿拉伯共和制国家的剧变中崛起，并通过合法的选举上台执政，进而推行伊斯兰治理，则使埃及自"七月革命"以来沿袭数十年的治理模式遭遇同样的历史命运。

在世界历史长河中，埃及是一个较为独特的国家，虽然在其漫长的历史发展进程中经历了多种文明的交融，但它始终坚持了自身国民性的统一，"不仅在地理上是一个整体，也是一个历史和种族的统一体。"[1] 但在 1952 年七月革命后，一个事关国家发展的根本问题却始终困扰着埃及各方政治力量，并由此导致其政治格局出现了明显的对立和分裂，特别是穆尔西上台执政及其推行伊斯兰治理，再次把这个关乎国家发展道路和发展性质至关重要的问题提了出来，即：对埃及而言，到底要建设一个什么样的国家，又该怎样建设这样的国家？

其实，自从近代以来伴随着民族国家主权观念的形成和传播，不论是较早走上现代化的欧美发达国家，还是后来被迫在殖民化背景下开启现代化的发展中国家，几乎全部面临着同样的问题。1640 年英国开启的所谓"清教革命"、1775 年北美人民以独立为形式的反英战争，直至 1789 年开始的激烈程度无以复加的法国大革命，均以你死我活、残酷斗争的"革命"历史叙事告诉我们，这些国家为回答好这样的问题曾经付出怎样的代价。

穆尔西执政提出的拷问显然是历史性的，但当代埃及对该问题的回答却并不陌生，甚至已经成为老生常谈。不过客观地说，正是在这个事关国家发展的根本问题上始终没有做好答卷，才导致埃及这么多年来在发展过程中分歧严重、蒺藜丛生、前路迷茫。

为此，需要从阿拉伯剧变前的埃及就存在着的三种彼此对立、难以调和的政治主张或思潮[2]出发来展开分析：国家中心

---

〔1〕 M. 利雅得·霍尼梅主编:《21 世纪的埃及:发展所面临的挑战》,伦敦、纽约:泰勒和法兰西斯出版集团,2003 年版,第 183 页。

〔2〕 同〔1〕,第 185 页。

主义、西方自由主义、伊斯兰主义。[1] 这三种政治思潮的背后都存在着广泛而庞大的人员或组织支持，事实上构成埃及国家建设的三大政治势力。

首先是国家中心主义，其主要代表是埃及世俗的威权主义，包括从政治统治精英到那些倾向于维持现状的利益群体。他们掌握政权，并且形成了盘根错节的、稳定的政治和经济利益，客观上成为埃及多种政治交往力量中最强势的一方。他们认为，埃及社会的混乱要求一个高度警觉的国家去维护和平与秩序。社会并不是由单个的个体组成，而是由家庭和各种各样的组织和集团组成，因此真正的个人自由选择是不存在的。如果必要，国家可以处理这些由个人组成的团体之间的事情，甚至在特殊情况下还可以对它们施加强有力的直接控制，因为对于个人来讲，他们本来就应该忠诚于其家庭或者家族，而不是作出个人选择。国家中心主义并不过多地拘泥于权力过程、公民自由、民间社会组织的自治，而是把集体行动视为控制那些难以渗透、难以改变的社会团体的主要前提基础。著名学者、埃及伊本·赫勒敦发展研究中心主任的赛义德·易卜拉欣教授及以其为代表的世俗反对派，形容国家中心主义为"法老式的统治"或"魏特夫所谓的东方专制主义"，因为他们"全部的政治权力都围绕在一个无所不能的统治者周围"。[2]

其次是西方自由主义，主要在所谓"民主化的倡导者"中间比较流行，他们大多是受过高等教育的中上层人士，包括世俗的知识分子、学者、人权组织成员等。他们认为，埃及现行的有关政治统治的理念既不公平也不合理，因为它赋予政府反对公民的

〔1〕 赛义德·艾丁·易卜拉欣：《埃及的伊斯兰和民主（批评集）》，开罗：美国开罗大学出版社，2002年版，第267—268页。
〔2〕 同〔1〕，第267页。

特权，剥夺了公民应该享有的权利；目前埃及所赖以生存的法制结构和政治实践是在已故总统纳赛尔统治时期建立起来的，虽然纳赛尔倡导阿拉伯社会主义，但这种阿拉伯社会主义不仅与经典的、传统的马克思列宁主义不符合，而且与他们所热衷的自由宪政主义模式比较起来，距埃及的传统价值观、历史和经验相去更远。自由主义最激进的主张就是拒绝承认现行的法律和政治机构，认为如果这些机构不作根本性改变、实现与自由民主相一致，那么埃及的任何政治改革乃至经济改革都不可能取得成功。他们极力主张对法律和宪法进行改革，特别是对那些在政治生活中影响较大的法律法规，例如关于政府选举、政党组建与活动、自由媒体、政府各部门权力、义务和作用等进行修订。

最后是伊斯兰主义（也称"政治伊斯兰"），与前两种观点都不同，他们主张埃及整个社会、经济和政治都要贯彻伊斯兰的宗教思想和实践，以伊斯兰沙里亚法为社会构架的基础。激进派和温和派的主要区分是在实现目的的手段上，而不是目的本身。前者为了达到目的而不惜诉诸暴力，而后者则拒绝暴力，更倾向于渐进温和的方式，包括采取民主的手段。但不管是通过暴力还是温和的方式去实现其目的，伊斯兰主义者的"构想"已经引起了包括世俗分子和基督教徒的严重反对，从而把"国家"推向了平衡几种势力的地位和角色上。在穆巴拉克执政近 30 年的时间里，伊斯兰主义者显然已经成为仅次于国家的第二大力量。也正因如此，它屡屡受到国家的打击和压制。由于它以倡导传统的宗教国家观的面目出现，并且要求社会成员"完全遵从于人类信仰的指挥者"，即真主的统治，那么和世俗政治就必然存在着公开和潜在的斗争，世俗主义者批评他们的表现非常"血腥和激进"[1]。

对于以上政治主张，需要指出的是，第一，前两种政治主张尽管存在着明显的政治分歧和对立，但二者也存在着彼此对话的共同基础，即他们都是世俗主义者。对于信奉自由主义的世俗知识分子，正如马萨诸塞大学政治学教授安瓦尔·赛义德认为的那样，他们"尽管只是少数，但具有影响力并且还拒绝伊斯兰模式"[2]。第二，三种思潮显示，虽然埃及作为世界上最古老的国家，拥有最悠久的文明，在关于国家的自然边疆、所包含的人口以及在"谁是埃及人"的身份问题上，基本上能够实现全民族的一致认同，但缺乏在漫长的历史发展进程中逐渐形成的一种对国家政治特性的大众认可。正如著名的埃及历史和埃及问题专家、伦敦大学亚非学院中东研究所所长罗伯特·斯皮林伯格教授指出的，在当代埃及政治发展的话语叙事中，埃及缺乏某种"规则共识"（Consensus of Rules）[3]。

也就是说，剧变前的埃及出现了这样的局面：伊斯兰主义者和自由主义者都认为现行的统治规则不合法，因此为了自身利益都极力寻求改变规则。这样，上述三种政治思潮的论争实质就成为有关政治游戏规则的论争，也成为埃及国家建设道路的论争，即在"建设一个什么样的埃及和怎样建设这样的埃及"的问题上，出现了"意识形态"意义上的混乱：究竟是世俗的，还是宗教的？是威权的，还是民主的？这一混乱使形成和坚持大众"一致认可"的任务复杂化了。与第二次世界大战后广大发展中国家在发展道路、指导思想上一般意义的政治分野（所谓的左派、右

〔1〕 赛义德·艾丁·易卜拉欣：《埃及的伊斯兰和民主（批评集）》，开罗：美国开罗大学出版社，2002 年版，第 268 页。

〔2〕 霍华德·威亚尔达主编，董正华等译：《非西方发展理论——地区模式与全球趋势》，北京：北京大学出版社，2006 年版，第 99 页。

〔3〕 M. 利雅得·霍尼梅主编：《21 世纪的埃及：发展所面临的挑战》，伦敦、纽约：泰勒和法兰西斯出版集团，2003 年版，第 183—196 页。

派）不同，埃及不仅有着政治学意义上的激进与保守之分、威权与民主之别，而且还带有浓厚的宗教学意义上的世俗与神权之争。它不仅面临着要不要发展和治理的问题，而且还面临着由谁去主导发展和推行什么样的治理的问题。

然而，在阿拉伯剧变和穆巴拉克政权被推翻之前，这些问题在埃及长期停留在"假设"阶段。因此，穆尔西 2012 年在埃及政权剧变中上台执政并推行伊斯兰治理，一年之后即遭遇大规模群众反对而被军方废黜，其治理随之也告失败。这在当代埃及的政治发展中虽是极其短暂的历史现象，但由于埃及在伊斯兰世界中的特殊地位，却极富挑战性和象征性。

二、阿拉伯征服早期的埃及政治：难以摆脱的伊斯兰

如果从历史的角度探寻埃及政治文明的构建历程，可以看到，在其长达近 7000 年的历史进程中，埃及主要经历了三种文明的熏陶，即古代东方的埃及文明、古代西方的地中海文明及中世纪开始兴起并且直至今天影响深远的伊斯兰文明。

在近代西方力量入侵埃及之前，作为沃勒斯坦所称现代世界体系"外部领域"的埃及曾经长期领先于世界历史进程。从文明和地缘的角度来看，埃及是古代世界体系的最主要构建力量之一。随着伊斯兰化的完成，在漫长的中古时代，埃及又成为伊斯兰世界体系非常重要的组成部分，到 14 世纪，随着蒙古人西征对西亚的破坏，埃及成为伊斯兰文明新的灯塔，为保卫和发展伊斯兰文明作出卓越贡献。

"地缘和环境是一个地区内人群的生活方式、文化传统、群体性格、体制形态等种族或民族异质性指数的根源。"埃及位于亚非欧三大洲的结合部，其主体位于东北非、东地中海南岸，既

接近西亚，又通过地中海与其周边国家和地区直接联系在一起，优越而独特的地理位置加上埃及人的勤奋和创造力，不仅培育和成长起世界上最古老的文明和古代世界历史最悠久的文明之一，而且形成了在古代世界文明交往史上影响力最大的文明之一。它是真正意义上的世界多种文明交叉之地，古埃及文明在这里诞生、成长，和大致同时期两河流域的苏美尔文明遥相呼应，后来的古典文明（希腊文明和罗马文明-拜占庭文明）、伊斯兰文明（阿拉伯文明、奥斯曼文明）先后登上历史舞台，创造了世界上极其璀璨的文化辉煌和文明多样性。

在世界文明的发展和交往过程中，文明之间的融合、冲突和影响是不可避免的。任何一种文明的发展，既要受到外来文明的影响，又要影响其他文明。如果说，古代埃及文明的早期发展曾受到苏美尔文明的影响，那么后来则是古埃及文明越来越直接或间接地影响了地中海东部沿岸和希腊罗马文明的发展，特别是对希腊文明影响巨大。早在 20 世纪初，英国人类学家史密斯（G. E. Smith）就指出埃及是世界文明的最早创造者，并以埃及为中心向外传播、扩散。[1] 文字上，正是古埃及的象形文字和苏美尔文字影响了腓尼基文字的形成，进而演化为阿拉米亚字母（后来的希伯来字母、古波斯字母等字母的来源）和希腊字母（拉丁字母和斯拉夫字母的来源），成为今日中东乃至西方字母的渊源。在文学和艺术方面，除了史诗之外，几乎古代所有的文学体裁均可以在古埃及文学中找到，希腊早期雕刻也借鉴了古埃及的雕刻。在宗教方面，正如希罗多德所说："几乎所有神的名字都是从埃及传入希腊的……它们完全起源于异邦人那里……较大一部分则是起源于埃及的。"[2] 这里需要特别提到托勒密埃及时

---

〔1〕 G. E. Smith, *The Ancient Egyptians and Origin of Civilization*, London and New York, 1923, p. XII.

〔2〕 希罗多德著，王以铸译：《历史》(下)，北京：商务印书馆，1959 年版，第 35 页。

期文明遗产的重要价值。托勒密王朝在亚历山大城建立了博物馆和图书馆，发展科学文化，在这里聚集了一大批文学家、哲学家和科学家，他们的创作和发明成为古代世界的重要遗产，被后人广为接受。亚历山大作为古代地中海世界的中心，在政治、经济、文化等各方面为古代世界文明发展作出了贡献。

639—641 年，阿拉伯人征服埃及，从此开始了埃及漫长的阿拉伯化和伊斯兰化进程。近代以前，埃及先后经历了两个多世纪阿拉伯人的直接统治（639—868 年、905—935 年），即分别隶属于四大哈里发中的后三位哈里发时期（634—661 年）、伍麦叶王朝时期（661—750 年）及阿拔斯王朝的第一王朝时期（750—847 年）。此后，外族人先后在埃及建立了突伦王朝（868—905 年）、伊赫希德王朝（939—969 年）、法蒂玛王朝（909—1171 年）、阿尤布王朝（1171—1250 年）和马穆鲁克王朝（1250—1517 年）。1517 年，埃及又被奥斯曼土耳其征服，被纳入奥斯曼帝国统治长达四个世纪之久。埃及无疑是古代伊斯兰世界体系最重要的组成部分之一。

相比而言，如果从 7 世纪算起，伊斯兰文明对埃及的影响虽然并不是最长的，但毫无疑问是最新的，它已经深深地熔铸进埃及发展的特性里。辉煌壮丽、独具特色的"阿拉伯-伊斯兰文化"是由包括埃及在内的中东人民共同创造的文明遗产。在伊斯兰宗教体制的形成过程中，大教法学家沙斐仪（767—820 年）曾长期活动于开罗，他的主张开创了穆斯林公众（什叶派人士除外）接受圣训的传统，形成了沙斐仪教法学派。[1] 布哈里（810—870 年）长期游历埃及，所创《圣训实录》成为伊斯兰世界仅次于《古兰经》的圣训集。[2] 埃及人伊本·阿卜杜·哈卡姆

---

〔1〕 金宜久主编：《伊斯兰教史》，南京：江苏人民出版社，2006 年版，第 137 页。
〔2〕 同〔1〕，第 140 页。

（？—870/871 年）所撰写的《埃及的征服及其消息》是关于征服埃及、北非和西班牙的最早文献。[1] 哈桑·阿里·麦斯欧迪被誉为"阿拉伯的希罗多德"，曾在埃及游历十年以上，撰写了《黄金草原和珠玑宝藏》，是一部百科全书式的史地著作。969年，法蒂玛什叶派王朝建立后，先是建立了开罗新市区（新开罗），972 年又建筑了对后世影响甚大的爱资哈尔清真寺。

阿尤布王朝为捍卫伊斯兰的荣誉与十字军多次征战。1250年，马穆鲁克王朝开始其在埃及的统治，他们"对伊斯兰教的重大贡献在于战胜了强大的蒙古人和十字军的进攻，保卫了伊斯兰教的文明"[2]。自 13 世纪蒙古人西侵以来，在伊斯兰世界的东部，许多历史上有重要影响的宗教教育和学术文化中心，不是被摧毁就是再三遭受破坏，此后的学术活动一蹶不振。14 世纪，开罗取代巴格达成为伊斯兰世界最重要的宗教教育和学术文化中心。[3] 根据伊本·白图泰的记述，埃及的学校多得难以计算。大量建设清真寺和学校，既是为了表现出敬畏安拉和虔信宗教，也是为了清除什叶派学说的影响；爱资哈尔大学在伊斯兰世界享有很高的宗教和学术地位，学生来自伊斯兰世界各地，主要研究逊尼派六大圣训集；政府在语言方面推行阿拉伯化政策，体现了宗教教育的重点，还设有翻译局，对阿拉伯语和繁荣学术起了重要的作用。

奥斯曼人征服埃及后，许多学校丧失了原有的宗教基金，唯有享有很高学术声誉的爱资哈尔大学仍能得到新王朝的支持。到18 世纪，爱资哈尔大学逐渐享有伊斯兰世界最高学府的声誉，吸引各地的穆斯林前来求学。爱资哈尔大学的教师和有联系的宗教学者在埃及伊斯兰教内自成一格系统。大学校长的宗教声望和社

---

〔1〕 金宜久主编：《伊斯兰教史》，南京：江苏人民出版社，2006 年版，第 173 页。
〔2〕 同〔1〕，第 233 页。
〔3〕 同〔1〕，第 235 页。

会影响远远超过那些担任官方职务的宗教学者。18 世纪，大学也是埃及宗教学者参与政治活动的主要场所。大学校长在社团的宗教和政治生活中都是不容忽视的人物。

开罗和亚历山大城一直分别作为伊斯兰世界最重要的城市之一而存在，成为中世纪中东、非洲、印度和中亚跨地域贸易的中心，而且还是汇聚兼营基督徒贸易和穆斯林贸易的两大枢纽。[1] 总之，在被融入现代世界体系之前，作为"外部领域"的埃及为我们呈现了人类文明交往早期独特的历史性和地缘性交往特征，其作用就像英国著名中东史专家伯纳德·路易斯（Bernard Lewis）教授对整个中东的评价：是一个有着久远古老又根深蒂固的文化传统的地区。它曾经是诸般文明的中心，各种观念、商货、有时候还包括部队，都从这里向各方辐射出去。在其他时候，它又像块磁石，吸引了许多外界人士，有时候是信徒和朝圣者，有时候是俘虏和奴隶，有时候则是征服者和宗主们。它曾经是四通八达之地，也是市场集散之地，知识和商品从古老悠远的地方带到这里来，然后——有时候是经过大幅改良之后——再传送出去，继续它们的旅程。[2]

到 18 世纪时，埃及仍是伊斯兰学术文化的主要交汇点。世界各地的宗教学者和朝觐者不断涌入开罗，与当地的宗教学者有广泛接触和交流，其中有冲突也有融合，并通过各种途径将新的学术风气和思想传往伊斯兰世界各地。开罗的宗教学者对伊斯兰教发展的重要影响主要体现在两个方面：圣训学的兴盛和新苏菲派的形成。[3] 18 世纪，宗教学者对圣训研究的兴趣大大增强，其中

---

〔1〕 弗朗西斯·鲁宾逊主编，安维华、钱雪梅译：《剑桥插图伊斯兰世界史》，北京：世界知识出版社，2005 年版，第 137 页。

〔2〕 伯纳德·路易斯著，郑之书译：《中东：激荡在辉煌的历史中》，北京：中国友谊出版公司，2000 年版，第 22 页。

〔3〕 吴云贵、周燮藩：《近现代伊斯兰教思潮与运动》，北京：社会科学文献出版社，2007年版，第 44 页。

埃及学者起了重要推动作用。18 世纪中叶，埃及的贸易再度繁盛，商人阶层的地位显著提高。他们赞助开罗的圣训学者，支持非正式的讨论团体，提供场所使地方学者、传道者等聚集一起探讨。宗教学术的标准和批判分析的方法因之普遍提高。这一时期圣训学者的代表人物是扎比迪（1732—1791 年）。他出生于印度西北部，早年师从瓦利乌拉学习圣训。后游学至也门，主要在学术中心扎比德继续研究圣训。最后他定居开罗，成为当地最著名的学者。他著述等身，涉及众多领域，学术成就非凡。他有关圣训研究的各学科著述，被认为代表了当时学术发展的最高水平。

圣训研究的兴盛与新苏菲主义的形成紧密相连。许多圣训学家也是新苏菲主义[1]的倡导者。扎比迪的一部名著是对安萨里著作的评注。他积极推动重新解释苏菲主义，主张在思想上疏远伊本·阿拉比，严格遵奉正统教义。[2] 在 18 世纪的埃及，新苏菲主义的形成主要受到三股力量的推动。第一，最明显的是由巴克里界定的哈勒瓦提教团或巴克里教团。教团以严肃的态度主张严格遵奉《古兰经》和圣训。第二，新传入的纳格什班迪耶教团进一步加强了哈勒瓦提教团发起的改革潮流。第三，北非宗教学者的影响。北非的宗教学者最明显的作用是通过在开罗求学将新苏菲主义带回家乡。但是，他们更重要的作用是给新苏菲主义注入新的内容。到 18 世纪末，在开罗形成的新苏菲主义显然是哈勒瓦提教团的正统主义、纳格什班迪耶教团的复兴主义与北非教团组织形式的结合。[3]

---

〔1〕 新苏菲主义是 18 世纪伊斯兰教改革和复兴运动的产物，是伊斯兰教苏菲派内部发生分化而出现的向逊尼派靠拢的新思潮。与传统的苏菲主义相比，新苏菲主义主张信仰纯洁，反对泛神论；主张追求现实生活和现世幸福，反对遁世、安贫、禁欲主义的消极观念；主张简化宗教仪式，反对圣徒和圣墓崇拜等。

〔2〕 吴云贵、周燮藩：《近现代伊斯兰教思潮与运动》，北京：社会科学文献出版社，2007年版，第 45 页。

〔3〕 同〔2〕，第 46 页。

必须承认，随着伊斯兰逐渐渗透到埃及的文化内核与社会深层，一种新的伊斯兰文明系统被建构起来，此后的十几个世纪直到今天，该文明系统内在地规定了埃及的国家身份和归属。

中古早期，由于伊斯兰教本身是具有强烈的政治参与性传统和入世性传统的宗教，[1] 宗教与政治在埃及从阿拉伯征服之后就似乎有着一种天然的、难以分割的联系。

从伊斯兰的传统政治观来考察，它倡导：第一，一切权力均属安拉，安拉主宰整个世界。《古兰经》所称的"天地万物都是真主的，万事只归真主"[2] "天地的国权归真主所有"[3] "一切权势归真主"[4]，既是穆斯林的宗教信仰，也是伊斯兰国家的最高政治原则。而且，安拉的统治是通过他选定的代理人来实施的。先知在世时，代理人就是他本人，先知去世后，就传到其继承人，体现了"君权神授"思想。第二，服从安拉和他在世间的使者及其代理人。在伊斯兰教看来，服从使者及当政者就是服从真主的重要标志。《古兰经》明确指出："信道的人们啊，你们当服从真主，应当服从使者和你们心中的主事人。"[5] "圣训"也强调指出："谁服从圣人穆罕默德就是服从真主，谁背叛圣人穆罕默德就是背叛真主。"[6] 这就是要求广大的穆斯林要拥护当政者。第三，主张建立以伊斯兰教法为最高指导原则的政府，反对政教分离、神权与君权分离。虽然伊斯兰经典没有对伊斯兰的政治制度和伊斯兰政府作出明确说明，但它一直强调人世间应该有组织和领导人们社会生活、履行安拉诫命的权威性机构。而后来

〔1〕 彭树智主编:《伊斯兰教与中东现代化进程》,西安:西北大学出版社,1997 年版,第 3 页。

〔2〕 马坚译:《古兰经》,北京:中国社会科学出版社,2003 年版,第 33 页。

〔3〕 同〔2〕,第 39 页。

〔4〕 同〔2〕,第 115 页。

〔5〕 同〔2〕,第 45 页。

〔6〕 宝文安、买买提·赛来译:《布哈里圣训实录精华》,北京:中国社会科学出版社,2003 年版,第 200 页。

的哈里发制就是这样在历史发展的长期实践中形成并被流传下来的。第四，在关于对世界的看法上，伊斯兰把世界看作两部分，即伊斯兰区域和战争区域，而伊斯兰的使命就是把伊斯兰教传播到世界所有地方，为此不惜采取战争手段，即进行"圣战"。[1]

另外，作为一种政治意识形态的伊斯兰教也是伊斯兰国家各种社会思潮都难以拒绝的。美国学者赫德森曾指出："就其政治意义而言，伊斯兰教远不仅仅是历史的'宗教制度'，它还是一种重要的政治意识形态。"[2] 虽然人们对政治意识形态这一术语有不同的界定，但在一般意义上理解，政治意识形态应该是关于社会政治制度的思想和观念体系，是对理想的社会政治制度的理论表达。具体地说，政治意识形态提供了调节社会成员之间相互关系、分配社会财富和权力、确定统治形式和性质的一套普遍原则；它既为一定的社会政治制度描述了理想蓝图，又为它确立了赖以存立的标准。这一标准规定了社会成员政治行为的规范，要求根据这一标准，或者是捍卫或维护，或者是改造和推翻现存的社会政治制度。

就此而言，伊斯兰教当然具有政治意识形态的功能。《古兰经》除了关于天国、末日来世的说教和人与真主之间关系的规定外，也规定了人与人之间的社会关系；在伊斯兰教历史上，早期麦地那公社也一直被当成理想社会政治制度的典范。但总的说来，在整个中世纪，伊斯兰教的意识形态功能是与教义、教规、逊奈及伊斯兰教法融合在一起的；换言之，伊斯兰教作为政治意识形态的功能被淹没在被认为是神启的经文、固定不变的信仰和礼仪制度，以及浩繁僵化的教条之中。

---

〔1〕 彭树智主编：《伊斯兰教与中东现代化进程》，西安：西北大学出版社，1997年版，第34—37页。

〔2〕 John L. Esposito, ed. *Islam and Development: Religion and Sociopolitical Change*, New York: Syracuse University Press, 1980, p. 15.

　　从伊斯兰的早期实践来看，它确实是政教合一的。在先知和四大哈里发时代，有的学者称之为伊斯兰发展的原初时期[1]，沙里亚法被严格贯彻，处于一种真实而理想的状态，因此这一时期又被称为古典伊斯兰的黄金时代。

　　先知穆罕默德在创教之初，在麦地那建立"乌玛"，就是一个以一神教的教缘为同一性、与阿拉伯地缘和族缘相结合的穆斯林公社。它实际上就是神权与王权、宗教和政治相结合的阿拉伯国家的基础和雏形。穆罕默德首先是一个宗教领袖，他引导民众独尊安拉、遵循宗教教义、履行宗教义务；同时，他还是一个政治领袖，要处理阿拉伯国家建构初期的政治、军事、社会、经济等诸方面事务。

　　由于创教之初，伊斯兰的事业刚刚开始。先知和四大哈里发的早期国家治理显然是在摸索中逐渐发展的。《古兰经》要求穆斯林通过相互协商来解决他们的共同问题，这被认为是穆斯林有权参与政治的根据。但在具体实践上，四大哈里发处理得并不一样。由于先知在麦地那的清真寺经常被作为哈里发办公的地方，穆斯林上层贵族经常到清真寺来，哈里发有很多机会与贵族们商讨问题。"第二任哈里发欧麦尔似乎咨询得最多。伯克尔和奥斯曼则是有选择地这么做的。阿里……也向跟随他的贵族们咨询，但是，他似乎不怎么在意他们的意见。"[2] "协商的义务就像选拔继承人一样没有制度化。人们普遍没有被赋予参与公共决策的权利，也没有一个经大家同意的顾问名单。对哈里发而言，对咨询对象的选择是开放性的。最重要的是，他没有义务接受别人的

---

　　〔1〕 安瓦尔·赛义德认为存在着一种"伊斯兰发展模式"，他把这种模式分为"原初的""中世纪的""最近的"三个历史时期。从字面上看，它似乎有一种简单化倾向，但从内涵和时间上却是非常简明的划分方法。参见霍华德·威亚尔达主编，董正华等译：《非西方发展理论——地区模式与全球趋势》，北京：北京大学出版社，2006 年版，第 96—113 页。

　　〔2〕 霍华德·威亚尔达主编，董正华等译：《非西方发展理论——地区模式与全球趋势》，北京：北京大学出版社，2006 年版，第 100 页。

意见或建议。他会去听别人的意见，但根据自己的看法来决策。"[1] 不管上述哪个方面，在权利与责任方面，似乎都并不明确。伯克尔和欧麦尔认为，他们自己和其他官员应该就自己的行为向共同体负责，他们也是这么做的。而到了奥斯曼和阿里时期，责任问题日渐突出，并由此导致穆斯林的反抗和叛乱，二人殊途同归的命运就是这种责任与义务冲突悬而未决的反映。

这种早期探索也体现在权威人士的继承方面，作为先知及穆斯林共同体建立者的穆罕默德是通过神圣权利来统治的，他没有留下关于选拔继承人的特定意见。阿布·伯克尔作为第一个虔诚的哈里发，是由当时的少数贵族选拔上任的，并且得到了穆斯林的一直普遍认可。他去世时，任命了欧麦尔作为继承人。欧麦尔去世之前，任命了一个六人贵族组成的委员会选择下一任哈里发，结果是奥斯曼脱颖而出。奥斯曼于 656 年的叛乱中被杀害，叛乱者推举先知的女婿阿里担任新的哈里发，直至他在 661 年被刺杀。历史上"虔诚的哈里发"或者"被正确引导的哈里发"时代（632—661 年）结束。

最重要的是，四大哈里发时期坚持了政教合一，没有出现"权力的分割或者分离"。他们享有权威，却坚持大众平等的观念并致力于建设一个以平等为基础的共同体。他们是政府所有机构的首领，权力涉及政治宗教的各个方面，包括对那些《古兰经》和圣训没有涉及的问题发号施令，听取大法官的意见，决定公共基金的使用，任命或解雇包括雇佣军官、总督、法官、税收官等重要官员。尽管拥有广泛的权威，但他们都过着朴素的生活，他们在所有穆斯林中以几乎完全平等的方式，分配剩余的税收。他们构想一个美好的社会，其中的成员在个人消费方面是虔诚的、

---

[1] 霍华德·威亚尔达主编，董正华等译：《非西方发展理论——地区模式与全球趋势》，北京：北京大学出版社，2006 年版，第 100 页。

平等的、朴素的，甚至是自我克制的，但为了社会的目的，他们又是乐善好施的，把共同体看作情同手足的关系。

正因如此，长期以来，埃及政治发展所形成以专制主义为核心的统治结构，不论本族外族，或者奴隶制封建制，乃至古代文明和伊斯兰文明，给人造成的印象就是君权以不同形式同神权相结合。例如，古埃及的法老自诩为荷卢斯神的化身；亚历山大在征服埃及之后，自称为法老的后裔和古埃及第三十一王朝的创始人；托勒密王朝的统治者继承了法老的衣钵，以神化的国王自居；而罗马帝国的统治者也宣称自己是神灵；至于哈里发，它本身就意味着是安拉的使者、穆罕默德的继承人，虽不能与先知穆罕默德相提并论，却把自己塑造成既是全体穆斯林的最高精神领袖，又是不断扩大的阿拉伯帝国的最高世俗君主。[1]

需要明确的是，这种教俗结合与政教合一是有区别的，不然就会形成对历史真相的遮蔽，所谓的政教合一只对古代埃及和四大哈里发时代的埃及才成立。因为，仔细考察正统哈里发之后的历届埃及政权，不管他们曾经把伊斯兰的旗帜举得有多高，但事实上，世俗化才是埃及政治发展的主流，透视历史，伊斯兰黄金时代结束后政教关系的疏离才是埃及政治文明演绎的主导逻辑。

三、中古后期的埃及政治：不可避免的世俗化

埃及政治不可避免地走向世俗化，首先是与中世纪整个伊斯兰世界的世俗化进程分不开的，因为在完成伊斯兰化之后，不论处于什么性质的政权领导之下，埃及都是整个伊斯兰世界不可分割的组成部分，其命运和伊斯兰世界一损俱损、一荣俱荣。但是更为重要的原因则在埃及本身，即不同时代的埃及政权的性质和

---

〔1〕 王彤：《当代中东的政治制度》，北京：中国社会科学出版社，2005 年版，第 373 页。

地位导致了政教疏离的长期化趋势。其表现主要在三个方面：第一，所有政权无一例外都是君主政权，具有军事性特点；第二，除了阿拉伯帝国时期，大多数政权是由外族人建立的，具有外族性特点；第三，在很长时间里，埃及或者隶属于阿拉伯帝国，或者隶属于奥斯曼帝国，与帝国"中央"相比，只是一个地方政权，具有地方性。第一点贯穿整个中古时代，在某个时期则是三者皆备或者三者有其二，共同促成了世俗政治的历史规定性。

首先，军事性特点导致的世俗政治。由于埃及政权长期保持军事性特点，这就使得政权经常在历史的重大选择关头是由军人说了算，军人承担着维护"乌玛"各方面利益的重要职责，在宗教理想和政治现实之间，宗教只能屈从于现实，依附于君主及其背后的军事强权。

其实早在第三任哈里发奥斯曼执政期间，游牧社会的离心倾向开始抬头，穆斯林内部的矛盾开始表面化。正是各省的宗教纠纷和政治骚乱波及麦地那，一群来自下埃及[1]对现状不满的人刺杀了正在家中诵读《古兰经》的奥斯曼，此举"在伊斯兰教历史上开创了一个可悲的先例，严重地削弱了作为宗教权威象征的哈里发职位在精神和道义上的威信"[2]。紧接着，661年，第四任哈里发阿里遇刺，这一事件表明，"与伊斯兰教对外发展的辉煌胜利相比，穆斯林社团内部的矛盾、分裂、内战和教派分裂等，使伊斯兰教的光辉黯然失色。"[3]

转折点出现在穆阿维叶在内战的血泊中建立起来的伍麦叶王朝，而王朝需要得到在对外征服中兴起的军事贵族的支持，穆阿

---

〔1〕 自古代以来，埃及在地理上被划分为上下两个部分。以开罗南郊为界，向南至第一瀑布为上埃及，以北为下埃及。与上埃及的峭壁和沙漠相比，下埃及是由尼罗河淤泥冲击而成的三角洲地带。上下埃及的分界线在今开罗附近，即古代的孟菲斯。

〔2〕 吴云贵、周燮藩：《近现代伊斯兰教思潮与运动》，北京：社会科学文献出版社，2007年版，第3页。

〔3〕 同〔2〕。

维叶虽然通过阿拉伯人"元老协商会议"和"部落代表会议"组成穆斯林统治集团,享有咨询和执行的权力,"为哈里发提供了阿拉伯人效忠世俗领袖的机构和松弛的政治基础。但王朝的真正实力还在于……军队。"[1] 尽管此时伊斯兰教还是"国家权力和政治统一的来源"及"保持政治忠诚和普遍认同的意识形态",但在随后,伊斯兰教被迫进行调整,以应对现实提出的挑战。

第一个挑战,宗教权威与政治权威的分化问题。作为封印先知的穆罕默德的地位决定了他的继承人只能是穆斯林社团的领袖而没有资格继承其先知身份。这种"逻辑"决定了伊斯兰社会宗教权威与政治权威的分化不可避免。穆罕默德去世之后,四大正统哈里发之所以能够维持宗教权威与政治权威于一身,源于其道德和宗教操守。而从伍麦叶王朝建立伊始,原来宗教的权威就被事实上的军事实力所带来的权威所取代了,也就意味着"政教合一"(宗教权威与政治权威集于一人)遭到破坏。事实也是如此,以后的哈里发名义上虽然是无可争议的宗教领袖,承担的却是行政事务和职责,诸如任命行政官员、税吏;而负责穆斯林社会宗教生活的却是法官和神学家。分化的结果是,哈里发等实际统治者代表了政治权威,乌莱玛阶层则享有宗教权威。以后的历史实践进一步强化了这种分化,特别是随着地方政治势力(素丹)的崛起或者外来势力(蒙古人)的入侵,一方面促使乌莱玛阶层故意突显二者的分野,以维系伊斯兰传统价值,另一方面也迫使乌莱玛担负起引领穆斯林社团走出困境的历史使命,确立了其拥有独立的宗教权威。

第二个挑战,宗教理想与政治现实的较量问题。穆罕默德创立伊斯兰教,建立了以信仰为基础的穆斯林社团"乌玛",它不

---

[1] 吴云贵、周燮藩:《近现代伊斯兰教思潮与运动》,北京:社会科学文献出版社,2007年版,第 4 页。

分民族、部落、家庭和地区界限，"乌玛"最高主权在于真主，穆罕默德是安拉的使者，全体穆斯林享有平等的权利与义务。然而，这种宗教理想到穆阿维叶建立伍麦叶王朝时受到了严重打击，它开启了以政治实力而不是遵照宗教理想推选哈里发的先例，并逐渐成为惯例，就连坚持宗教理想的乌莱玛阶层也被迫屈从现实，或者说是以承认政治现实的手段来维持其宗教理想（维护全体穆斯林的利益）。不论是"立约与解约人"之说，还是安萨里的"主事人"，或者伊本·泰米叶的学说，其现实价值在于，对于穆斯林而言，如果当权者既拥有实力，又能够不违背伊斯兰的基本原则，即便是在道义上不符合伊斯兰宗教理想，也可以被接受。

第三个挑战，选贤制度与世袭君主的关系问题。四大正统哈里发时期，穆斯林以选贤制来推选领袖，被后来绝大多数穆斯林所公认，奉为最能体现伊斯兰精神与原则的方式。但是好景不长，不到40年的时间，伍麦叶王朝就用世袭制替代了选贤制，后来的阿拔斯王朝及其他统治王朝也一直沿用世袭制。其实，仅仅是粗略地考察历史上伊斯兰王朝统治者继承与换代的历史，君主世袭制都几乎占据了绝大部分时期的历史。问题不在于伍麦叶王朝是否敢于"打破传统"，或者是否以阿拉伯血亲复仇习俗来证明自己的合法性，而是只要宗教权威与政治权威的分化无法避免、宗教理想与政治现实的斗争不能克服，世袭君主代替选贤制度就是必然的，从而使政治凌驾于宗教之上。

其次，外族性特点导致的世俗政治。埃及政权长期保持外族性特点，这就使其政权经常处于频繁的变动之中，外族的身份、来源都较为复杂，从而导致政教合一体制难以维持或者长久，或者根本不需要政教合一，这在马穆鲁克王朝时最为典型。

马穆鲁克的人口主要是来自中亚地区的奴隶，他们在宫廷或军队中服役，其中有突厥人、库尔德人、塞加西亚人、罗马人等等。在埃及他们分为两部分，一部分是当年阿尤布王朝萨里哈·纳吉姆丁任君主时招募的，大部分是突厥人，编为海军，驻守在罗德岛，称为"河洲系马穆鲁克"，1250—1382 年统治埃及；另一部分是由素丹盖拉温买来的塞加西亚奴隶，他们驻守在城堡，称为"碉楼系马穆鲁克"，于 1382—1517 年统治埃及。1260 年，马穆鲁克在阿因·扎卢特战役中给予西征的蒙古军队以毁灭性打击，阻挡了蒙古人向埃及的进军；此后，他们又全力征讨侵入叙利亚的基督教君主，加速了十字军的失败；1418 年，马穆鲁克实现了努比亚地区和埃及的统一。如前所述，马穆鲁克王朝通过战胜蒙古人和基督徒，保卫了伊斯兰文明成果，是对伊斯兰教的重大贡献。

但是，贡献是从伊斯兰文化发展，以及和巴格达的陷落相比较的角度而言。对内而言，它却并不意味着马穆鲁克控制下的埃及政权就是伊斯兰化的，因为，与其说其宗教制度措施保卫了伊斯兰，还不如说很大程度上弱化了政教结合，甚至在很大程度上"去伊斯兰化"。[1] 这个过程体现为三个环节。

第一个环节，马穆鲁克王朝在政治上恢复哈里发制度只是徒有其名，实则是为加强其作为外族统治埃及的权力基础和合法性，与其说是对哈里发的恢复，还不如说是世俗权力的增长。马穆鲁克王朝建立在少数外族奴隶对大多数埃及穆斯林专政的基础上，尽管是统治阶层，但却在沙斐仪学派占主导的埃及存在许多执政的短板：一是按照沙斐仪教法学派规定，哈里发应来自古莱氏部落，而且还有许多其他条件限制；二是他们来到埃及完全脱离了埃及土著，只在族内通婚，与被统治者有着不可逾越的鸿

---

[1] 以下对马穆鲁克王朝君主对伊斯兰的政策措施，主要来自金宜久主编：《伊斯兰教史》，江苏：江苏人民出版社，2006 年版，第 232—241 页。

沟；三是作为奴隶出身，他们的宗教知识很少，除了在小时候读书写字和学习一点《古兰经》、圣训和教法的知识外，主要从事习武练兵，以保持本阶层的军事优势。[1] 因此，作为外族奴隶，马穆鲁克无权担任哈里发，为此他们需要恢复哈里发制度，树立一个名义上的哈里发，并由这位哈里发向掌权者册封和授权，使其统治具有合法性，以致得到全体穆斯林的承认。1260 年，素丹拜伯尔斯（1260—1277 年在位）在从逃脱蒙古人屠杀的难民中，物色到一位阿巴斯王朝的遗民的后裔，名叫阿布·嘎西姆，然后通过一个由法官、宗教人士、地方长官组成的委员会确认嘎西姆为哈里发，然后由这位所谓的哈里发向素丹本人授权执政。据统计，1260—1517 年，在埃及先后一共有 16 位傀儡哈里发在位。[2]

这一时期的哈里发作为安拉在大地上的影子，只是在理论上继承先知。哈里发和素丹的名字一起被铸在钱币上，在星期五聚礼的讲道中，哈里发的名字还位于素丹的前面。先知的遗物绿色斗篷和拐杖也归哈里发穿戴和保管。哈里发经常穿黑色衣衫，以显示尊严和高贵。但实际上，他们在国家中没有任何权力，其任务就是为新任素丹举行授权仪式，为他祝福。在许多情况下，哈里发具有精神象征，素丹才是政治权力的代表。特别是素丹亲自率兵出征，战胜伊斯兰教的敌人，威望渐高，也就越来越具有宗教尊严，集精神权力与政治权力于一身，成为伊斯兰合法的领袖。[3]

第二个环节，马穆鲁克王朝在宗教政策方面建立四大法官制度，在社会政策方面实行有关伊斯兰的规定，但伊斯兰教法始终未成为国家行之有效的法律制度，"自 13 世纪起，埃及的政教分

[1] 金宜久主编：《伊斯兰教史》，江苏：江苏人民出版社，2006 年版，第 233 页。
[2] 同[1]，第 234 页。
[3] 同[2]。

离倾向明显加强。"[1] 逊尼派的四大教法学派在埃及都得到官方承认,各派都有一名大法官,大法官可以任命各地区的代理法官。四大教法学派在司法领域处于平等地位。但事实上,根据遵循人数的多少和重要性,沙斐仪学派居领先地位,然后依次是哈乃斐学派、马立克学派和罕百里学派。沙斐仪学派总法官地位要优越于其他三位总法官,职权也相对较多。问题在于,这一切宗教制度安排,就像选举哈里发一样,其幕后推手都是素丹本人。

马穆鲁克王朝还实行穆斯林婚姻家庭、财产继承和私人身份法,国家设有宗教施舍机构,帮助和救济病人、穷人,保证孤儿的生活和教育。但是,国家设有一批专门从事解释和阐明教法的学者,法律判断常常在公众利益的名义下掺杂个人意愿和习惯法。只要纳税,贩酒也可以被允许,至于给予私通者石击和诅咒的惩罚,更是罕见,"实际上等于废除了伊斯兰教刑法"。素丹以"圣战"名义横征暴敛,税收名目繁多,其独裁专权使宗教学者和法官无法摆脱统治集团的控制。

第三个环节,在信仰的问题上,握有强权不断征战的素丹们纷纷支持苏菲神秘主义[2],久而久之导致伊斯兰教降落为民间纯宗教的信仰活动。[3] 在前述政治和宗教两个方面的推动下,苏菲神秘主义开始盛行于埃及,有数万人成为苏菲教团的成员。1258年,巴格达陷落前后,大量信仰苏菲的人士来到埃及。王朝不断的战争和统治阶级的挥霍享受,加重了人民的负担。现实的苦难使人们祈求安拉,寻找通向安拉的阶梯,统治者也鼓励苏菲

---

〔1〕 金宜久主编:《伊斯兰教史》,江苏:江苏人民出版社,2006年版,第234页。

〔2〕 苏菲神秘主义就其产生根源而言,它是《古兰经》和"圣训"中某些经文的引申,根源于虔诚信徒期望获得有关安拉直接的、亲身的经验,这种经验并非通过理性的思辨,而是通过神秘的内在直觉,包括省悟、出神与内心对安拉的觐见等获得的。苦行和禁欲是苏菲神秘主义的基本特征。参见金宜久主编:《伊斯兰教史》,南京:江苏人民出版社,2006年版,第160—161页。

〔3〕 同〔1〕,第239页。

的活动，使人们专心于信仰，不去考虑恶劣的现实，从心里摆脱贫困，过禁欲的生活。埃及就很快出现了巴达维、杜苏给、沙兹里三大苏菲教团，来自伊拉克的里法伊教团和卡迪里教团也传入埃及，苏菲神秘正义得到进一步的发展。随着苏菲教团的活动，王朝圣徒和圣墓崇拜现象大量出现。14世纪末15世纪初（河洲系马穆鲁克后期和碉楼系马穆鲁克前期），逊尼派逐渐转向只注重宗教仪式和道德修行。

最后，地方性特点导致的世俗政治。这是"帝国"内部自身的张力决定的，主要体现为中央和地方之间形成的一种政教关系的悖论。一方面，庞大的伊斯兰帝国的建立可以使更多区域纳入伊斯兰的控制之下，也使更多的人皈依伊斯兰教；另一方面，帝国最高统治者素丹自己必须维护政教合一体制的神圣性和崇高性，加上埃及的特殊性，这为埃及作为地方政权消解宗教义务提供了理由和根据，这在奥斯曼帝国统治时期表现最为明显。

奥斯曼帝国在完成对欧亚非三大洲结合地区的征服后，成为世界历史上又一个真正意义上的世界性帝国。帝国是一个军事性的封建国家，帝国素丹统率这一个高度集权的政府，经过培训的奴隶成为行政官吏和军队的骨干，由他们组成的近卫军团是政治权力的基础。宗教体制方面，帝国设立宗教法庭、宗教学校和宗教基金，伊斯兰教长老是帝国的教法说明官，也是宗教体制的领袖，但他的教职却是由素丹任命的，这就使宗教学者依附于政权，宗教体制从而成为帝国军事官僚机构的一个组成部分。宗教学者上层成为素丹庇护下地位煊赫的阶层，下层的苏菲教团得到帝国的捐赠和赐建的道堂，直接联系于宫廷和军队，在乡村拥有较大势力。帝国还通过各种行会控制城市经济，建立宗教社团自治制度以统治非穆斯林。"这是一种政治与宗教结合的、中央集权的国家制度，在宗教上具有充分的合法性。因此，尽管帝国各地存在各种分裂割据势力，但均无法与之竞争。"[1]

1517 年，马穆鲁克王朝寿终正寝，埃及被奥斯曼帝国征服，成为奥斯曼帝国的一个行省，尽管始终保持着自身的独特性，但毕竟沦落为一个地方政权。开罗陷落不久，麦加埃米尔谢里夫就派代表团到埃及，向奥斯曼素丹谢里姆一世表达了愿意将汉志地区置于奥斯曼帝国的统治之下，他们还带去了克尔白天房的钥匙和先知穆罕默德的部分遗物，包括斗篷、《古兰经》等。素丹显然非常重视来自汉志的这些圣物和礼物，专门组织了一个 40 人的军事护卫团把这些物品护送到伊斯坦布尔，素丹也从此获得了"两圣地护卫者"的称号。[2]

谢里姆一世占领埃及几个月后就返回了叙利亚，并在那里重建了一个组织严密的行省政府，但他几乎未对埃及施行任何行政管理改革。奥斯曼帝国派来总督（帕夏）和卫戍部队治理埃及行省，但是这些土耳其人既不懂埃及方言，也不了解埃及情况，所以任期都很短，几乎没有足够的时间巩固他们在埃及的权威。从 1517 年奥斯曼帝国确立统治到 1798 年法国人入侵的 281 年里，帝国共向埃及派出 110 位总督。总督坐镇开罗，征收赋税，依靠奥斯曼军团和马穆鲁克兵团维持秩序。

马穆鲁克政权虽然结束了，但他们并没有退出历史舞台，[3]相反却成为奥斯曼帝国统治埃及必须依靠的力量。与其他行省一样，为了限制总督的权力及其自治野心，埃及总督是由帝国素丹直接任命的，但同时允许马穆鲁克享有较大的行政权威。[4] 正

---

〔1〕 吴云贵、周燮藩:《近现代伊斯兰教思潮与运动》,北京:社会科学文献出版社,2007年版,第 7 页。

〔2〕 金宜久主编:《伊斯兰教史》,江苏:江苏人民出版社,2006 年版,第 239 页。

〔3〕 Jason Thompson, *A History of Egypt : From Earliest Times to the Present*, Cairo and New York:The American University in Cairo Press,2011,pp. 207–208.

〔4〕 Albert Hourani, *A History of the Arab Peoples*, Cambridge:Belknap Press of Harvard University Press,1991,pp. 227–228.

是这种治理埃及的特殊政策，使马穆鲁克力量得以重新崛起，以至于一种新的马穆鲁克制度盛行于奥斯曼帝国统治时期的埃及。那些反抗帝国的马穆鲁克大贵族受到管制，未进行反抗的马穆鲁克大贵族却受到宽待，还有一些马穆鲁克大贵族积极与入侵者合作，得到慷慨的奖赏，并逐渐控制了埃及一些最高的政府职位。这些马穆鲁克非常适合奥斯曼帝国的统治制度，既为帝国服务，又为自己牟利。同时，这还有助于保持埃及在帝国内的独特性。他们重新渗透到埃及的整个军事组织，并再次成为埃及最强大的势力。[1] 帝国把埃及分成12个区域，在总督下设置贝伊等职务进行管辖，贝伊大多都是马穆鲁克出身，他们之间经常互相倾轧、争权夺利。总督有时居间调停，甚至可借机除掉不信任的贝伊。[2] 但随着马穆鲁克势力的不断加强，一些贝伊开始左右总督。到18世纪，贝伊们已拥有豪华的宫殿、大片土地、大量马穆鲁克士兵和其他扈从。18世纪下半期，随着帝国统治的持续衰弱，总督无力对地方实施真正的控制。实力强大的贝伊已不再听从总督的命令，而是试图建立自己的统治，甚至实现埃及的独立。18世纪，马穆鲁克最强大的阿里贝伊先后废黜两任帝国总督，建立起自己的政权，并于1769年宣布脱离奥斯曼帝国的统治而独立。同时他向外扩张领土，一度占领叙利亚和阿拉伯半岛诸地，但终因副将的背叛而失败。[3] 阿里贝伊死后，马穆鲁克大贵族之间的权力之争进一步加剧，一直持续到19世纪初。

埃及并入奥斯曼帝国后，伊斯兰的政治影响呈继续下降趋势，尽管这一时期由于马穆鲁克内部冲突愈演愈烈，需要埃及的宗教学者为马穆鲁克各派作出仲裁，同时充任统治者与人民之间

〔1〕Jason Thompson, *A History of Egypt: From Earliest Times to the Present*, Cairo and New York: The American University in Cairo Press, 2011, p. 208.

〔2〕纳忠：《阿拉伯通史》（下卷），北京：商务印书馆，2005年版，第419页。

〔3〕同〔1〕，pp. 215-217。

的桥梁，他们似乎重新开始扮演重要的社会政治角色。因为这些马穆鲁克大多来自中亚，与埃及本土的阿拉伯人在语言和种族上差别甚大，他们需要宗教学者来维护统治，人民也请他们向当局请命以避免苛捐杂税或革除时弊。但是，他们既不是有组织的政治力量，更不掌握军队，其力量发挥的基础是宗教学识和威望，而影响实际事物能力的大小通常取决于个人的口才和感召力。他们可以通过宣教鼓动人民上街支持或反对某项政令，但在思想意识中认为维护法律和秩序不是他们的职责，而是总督应该采取的行动。[1] 在民间，苏菲神秘主义继续盛行，朝拜圣徒、圣墓成风，穆罕默德创教初期严格的一神论思想不为人们所熟悉和尊崇。随着政治和生活的腐败，帝国内部吸烟、饮酒现象兴盛，甚至淫秽行业普遍存在，引起道德败坏，部分地区宗教意识淡漠，人们疏忽日常功课，又倒退回先知创教之初的状态。[2]

幸运的是，素丹非但没有削弱爱资哈尔大学的影响力，反而给予它更多的支持。到 18 世纪时，爱资哈尔大学逐渐享有伊斯兰世界最高学府的名声，吸引各地穆斯林前来求学。爱资哈尔大学形成了自成体系的伊斯兰系统，成为宗教学者参与政治活动的主要场所。不过，爱资哈尔大学也有其自我矛盾的地方，那就是在吸引各地学者和培养学生方面，它体现出一种世界主义的宗教意识，各种不同的思潮在这里汇集，学成归还故里的学者成为各地的宗教领袖或权威人物；但在爱资哈尔大学自己的教师培养方面却非常保守，坚持着奇特的地方性特征。在 18 世纪的社会动荡中，爱资哈尔大学虽然也反对统治者的残暴和贪婪，但政治上倾向于维护现状，它在埃及社会是宗教传统的象征，是维护社会稳定的力量。这一传统即使到了近现代也没有改变。

---

〔1〕 吴云贵、周燮藩：《近现代伊斯兰教思潮与运动》，北京：社会科学文献出版社，2007 年版，第 41—42 页。

〔2〕 金宜久主编：《伊斯兰教史》，江苏：江苏人民出版社，2006 年版，第 256 页。

四、近代以来的埃及政教关系：剪不断、理还乱

拿破仑·波拿巴率领法军 1798 年入侵埃及，标志着埃及近现代史的开端，由此埃及逐渐进入现代世界体系并被边缘化。整个19 世纪上半期，埃及是以穆罕默德·阿里推行现代化改革及其军事扩张而被载入史册的。如果说拿破仑入侵打开了埃及面对现代世界的第一扇窗，那么穆罕默德·阿里的崛起及随之而来具有浓厚西方化色彩的改革则是打开了一扇门。正是这种情况下，埃及的伊斯兰势力加速了其式微的历史进程。穆罕默德·阿里的崛起本身依托于军事力量和征服战争，强化统治地位的客观需要使之从经济、文化和对外关系等各方面弱化了政治与宗教学者或宗教派别的关系，政治上改革的年代，也是宗教上式微的开始。

19 世纪下半叶，埃及的统治者继续推进西方化改革，无论在深度上还是广度上，都比前一时期更大程度地影响了埃及社会的世俗化。一批曾游历西方、深受西方影响的知识分子开始出现，他们目睹西方的强盛和埃及的衰落，开始思考和探寻其中的原因和症结，里法阿·塔哈塔维率先走上历史的前台，为埃及引进现代教育和恢复悠久古老的埃及文明而呼号。哲马鲁丁·阿富汗尼接踵而至，他在强烈谴责英国掠夺埃及和扩张势力的同时，希冀通过赋予伊斯兰现代价值以实现穆斯林传统社会的脱胎换骨，并为伊斯兰世界的大团结而奔走，伊斯兰现代主义、改革主义横空出世。这些早期现代主义理论家的思想就像在黑暗的夜空下点亮的火炬，近代埃及的思想启蒙大幕就此拉开。另外，朴素的本土军人的反西方军事行为则预示了民族主义的萌芽。

19 世纪 80 年代，埃及历史进入新的转折期，伊斯梅尔政权的债务危机导致埃及相对独立自治的局面从此被改变，英国事实

上建立起对埃及的殖民统治。英国一方面加强对埃及的政治控制和经济改造，另一方面又执行了相对中立的宗教政策。政治的殖民化、政权的衰败化、社会的世俗化导致以穆斯塔法·卡米勒为代表的近代民族主义意识开始觉醒和理论化。与此同时，受阿富汗尼的影响，埃及的思想启蒙仍在继续，穆罕默德·阿卜杜同样作为埃及本土成长起来的伊斯兰现代主义大师，开始系统地提出伊斯兰现代主义和改革主义的思想。但由于阿卜杜对英国殖民强权的本质认识得更为深刻，加上其自身在国家的宗教身份和地位，他的思想显得较为保守，不过他也更加重视教育的作用，对近代埃及社会变革影响深远。

从出生地的角度看，穆罕默德·拉希德·里达同阿富汗尼一样不是埃及人，而是一个叙利亚人，但其一生中重要的活动是在埃及，而且其思想对埃及影响甚大。他是伊斯兰世界在 19 世纪末和 20 世纪初交替过渡时期非常重要的思想家、改革家，也是一位身体力行的政治家和社会活动家。他一生为伊斯兰改革和复兴的伟大事业而奋斗，其思想涉及宗教、政治、法律、教育与社会等各方面。其承前启后的作用十分明显，如果说在他之前，伊斯兰世界的思想启蒙与觉醒主要表现为伊斯兰改革主义和现代主义，那么在他之后，这种启蒙和觉醒开始逐渐向实践转变，现代意义上的伊斯兰的政治化开始诞生。正是在拉希德·里达的思想构建中，完成了从伊斯兰现代主义到现代伊斯兰主义的转化。"现代"一词的位置变化，意味着该思潮从宗教领域转向政治领域。他不仅对同时代的伊斯兰世界产生重要影响，对当代伊斯兰主义新的发展亦有重大影响。

1923—1952 年的自由主义时代是埃及政治与宗教关系发生历史性转化的重要时期。如果说在 19 世纪中后期，具有浓厚西方色彩的世俗性民族主义和具有本土色彩的伊斯兰现代主义共同的任务是启蒙和觉醒，共同的特点是思想和理论创造，那么到了 20 世纪初，特别是经历了第一次世界大战的洗礼，二者大致同时进入了理论转变为实践、思想转化为行动的历史阶段。其标志和成果，前者体现为以扎赫鲁勒领导的埃及民族主义运动，并最终在 1922 年埃及实现了独立，开启了埃及议会框架下国王、政党以及英国势力的多元政治博弈。后者则体现为一部分来自城乡基层的宗教知识分子，出于对政党政治、精英政治的不满，特别是上层几乎很少考虑广大民众的根本利益，决心将 19 世纪伊斯兰的"思想风暴"转化为具体的行动，其结果就是 1928 年穆斯林兄弟会的成立，它的成立不仅标志着现代伊斯兰主义的滥觞，也从根本上改变了 20 世纪埃及政治与宗教关系的发展趋势。

纳赛尔执政埃及的近 20 年，在埃及近现代历史上可以称之为"革命的年代"。首先是七月革命终止了自由主义时代的政治混乱和衰败，实现了埃及现代化进程的"路标性"转化；其次是纳赛尔掀起阿拉伯民族主义的大旗，在东西方冷战的国际格局中彰显阿拉伯世界的独特性；再次是他提出埃及走阿拉伯社会主义道路，偏向了社会主义的东方阵营。最重要的是，纳赛尔不仅坚持了埃及发展的世俗化愿景，而且本身是一个彻头彻尾的军人政权。"生不逢时"的伊斯兰，或者如穆斯林兄弟会遭到镇压而被迫转入地下活动，或者如正统的伊斯兰——爱资哈尔——被纳入政府体制，居于埃及"议事大厅"的"后排"而独自彷徨，在世俗主义的波涛中"只能作间接的迂回"。但是，宗教不会甘心于永远处在地下或者居于后排，需要提到的是，正是 1967 年中东战争中埃及的失利，反证了即便如纳赛尔这样具有超凡魅力的政治强人也不可能解决埃及的所有问题，反倒是刺激了伊斯兰所肩负的历史使命感和责任感。一枚伊斯兰复兴之"蛋"已经诞生，只待环境和条件成熟，它将会破壳而出，深刻地影响埃及的政治与未来。

萨达特执政的十年，被视为埃及大变革、大转型以及大发展的十年，他承担起埃及政治经济重建与转型的重任，但其内政外交政策的推行，特别是与美国走近及与以色列实现和解，毫无疑问给政治发展带来了巨大的复杂性与不确定性。萨达特上台伊始就提出了"信仰和科学"的口号，并以"虔诚的总统"自诩，一方面，他利用穆斯林兄弟会打击纳赛尔主义者和左翼分子，从而达到巩固其统治的目的；另一方面，他也开启了埃及社会的伊斯兰化进程。纳赛尔在 1967 年中东战争失败后留下的后遗症在他的转型政策和伊斯兰化背景下开始发酵，从而为伊斯兰极端组织的出现提供了有利的气候和土壤，到萨达特意识到问题的严重性再进行打压时，已成尾大不掉之势。萨达特本人最终也倒在极端分子的枪口之下，可谓"搬起石头砸了自己的脚"。

埃及世俗政权与宗教政治此消彼长、对立平衡的互动关系在穆巴拉克时代出现新局面与新态势。政治上，穆巴拉克的治国理政以守正与创新为显著特征，埃及新威权政治经济体制和对外政策得以延续，维持了埃及近 30 年的和平与发展。新的形势下，伊斯兰力量继续出现分化，激进组织走向军事化，以恐怖手段干扰国家的现代化建设，但已呈穷途末路之势。穆斯林兄弟会作为最大的伊斯兰反对派，也面临着新的机遇与挑战：一方面，其政治观点日趋温和，政治参与日趋积极，但面对压制和打击及在政治上的无力，意外地实现了向社会化的转型；另一方面，变革的潮流在穆斯林兄弟会内部形成，伊斯兰中间主义思潮应运而生。这是埃及的伊斯兰思想家在新的历史条件下对伊斯兰复兴所做的全新的理论建构。从思想内容来看，它与阿富汗尼、阿卜杜、里达等人的伊斯兰现代主义具有继承性和一致性，从政治目的来看，它是伊斯兰主义自身反省和调整的反映，它虽然没有放弃建立一个"乌玛"国家的目标，却为伊斯兰治理——伊斯兰宪政或伊斯兰民主——开拓了全新的可能性。

进入 21 世纪之后的埃及，其政治一开始就体现出变革的特点。在内外压力下穆巴拉克启动宪法修正案，似乎要自上而下地构筑埃及民主化的基石，事实证明这只不过是其策略性的手段。但是，在 2008 年国际金融危机的冲击下，2011 年爆发了震惊世界的阿拉伯剧变，穆巴拉克看似牢不可破的威权政治在剧变的浪潮中居然轰然倒塌。在随后的政治重建过程中，以穆斯林兄弟会为代表的伊斯兰主义者终于迎来了其践行伊斯兰治理理念千载难逢的机会。2012 年 6 月，经过一年多艰难的过渡，革命风暴下的埃及政治重建终于迎来了高潮，来自新组建的自由与正义党、从属于穆斯林兄弟会的穆尔西成为现代埃及历史上的首位民选总统。笔者曾经指出，从这个角度来讲，2012 年在埃及的现代史上是一个值得记住的年份，因为这一年诞生了埃及历史上第一位民选总统，而且这位总统仅仅在他执政六个星期内就快刀斩乱麻似地终结了埃及军人长达 60 年的威权主义统治的历史……然而，穆尔西执政不到半年就遭遇了其政治上最为严酷的寒冬——为了加快革命后新宪法的制定进程，他通过发布"宪法声明"进行扩权，导致埃及司法系统的强烈反对，引发了自 2011 年初穆巴拉克被推翻以来最大规模的反政府示威游行及世俗派和伊斯兰势力的严重分裂与对抗。穆尔西引发的"宪政危机"使他的政治命运和埃及的国家治理蒙尘。人们不禁怀疑，一个没有任何执政经验，并屡次冒犯大众和世俗人士的伊斯兰"机会主义者"能够开辟埃及历史的又一个新纪元吗？果不其然，由于埃及政治的世俗惯性和军人传统，特别是穆尔西推行伊斯兰治理漏洞百出，不能满足人民要求，结果仅仅经过短暂的一年时间，伊斯兰治理就成为一个刚刚开了头便匆匆煞了尾的实验性工程。在此前后埃及各方政治势力围绕国家身份界定的宪法之争，充分暴露了各方势力利益和观点相差甚远，在回答"建设一个什么样的埃及，怎样建设这样的埃及"这个根本问题上，还远远没有达成共识。

五、结语：是坚持政治理性还是回归文化坚守

近几年来，随着世界百年未有之大变局的出现，中国也日益走近世界舞台的中央，由于力量平衡状态被打破，世界秩序处于瓦解和重构中，各种各样来自现实世界的挑战和文明交流互鉴的问题不断被提出。这种状况下，我们曾经从西学引进的考察中国、考察世界及考察中国与世界关系等问题的那些"老视角"与"旧方法"越来越不适应飞速变化的世界与中国。[1] 习近平总书记提出加快构建中国特色哲学社会科学学科体系、学术体系、话语体系，并强调历史研究是一切社会科学的基础，历史是人类最好的老师。我国哲学社会科学各学科纷纷宣示回归"中国立场"，重捡"问题意识"，启动"中国方法"，为构建"学术中国"提供系统的学理支撑。在这一背景下，中国学术界出现了一种非常重要的趋向，就是推动或实现学科视阈与方法的"历史学转向"，例如哲学界提出"一切哲学都是哲学史"[2]，经济学界提出"一切经济学都是经济史"[3]。其中影响最大的，要数政治学界出现了关于历史政治学的学科交叉创新，并迅即成为学术界关注的热

---

〔1〕 王泰：《"文明交往论"与当代中国外交哲学构建刍议》，载《树人启智——彭树智先生八十华诞纪念文集》，北京：中国社会科学出版社，2011 年版，第 277—289 页。
〔2〕 孙正聿：《"哲学就是哲学史"的涵义与意义》，载《吉林大学社会科学学报》，2011 年第 51 卷第 1 期，第 49—53 页，第 159 页。
〔3〕 厉以宁：《中国经济学应加强历史研究和教学》，https://epaper. gmw. cn/gmrb/html/2017-06/13/nw. D110000gmrb_20170613_1-11. htm？ div=-1。

点。〔1〕作为政治学分支学科之一的国际关系学，率先提出"向历史学习"〔2〕，并开始探究一种国际关系研究的"历史路径"〔3〕。这些学科或者向历史学"转向"，或者向历史学"回归"，成为新时代中国学者加强跨学科研究的崭新导向和鲜明标志。

本文正是在这个意义上对埃及政治与宗教关系研究所作的一种历史政治学的尝试。其"政治学"的"问题意识"，在于当代埃及的发展道路和发展模式的选择困境。在理论上，它关系到我们对宗教现象的科学认知，特别是类似伊斯兰教在中东很多国家被政治化甚至军事化的前因后果、重大影响、未来走向；在实践上，遑论其他，仅就中国与埃及等伊斯兰国家的外交合作与文化交往就十分重要。2016年，习近平总书记在哲学社会科学工作座谈会上指出，改革开放以来，我们坚持理论创新，正确回答了什么是社会主义、怎样建设社会主义，建设什么样的党、怎样建设党，实现什么样的发展、怎样发展等重大课题，不断根据新的实践推出新的理论，为我们制定各项方针政策、推进各项工作提供了科学指导。由此及彼，回顾中东，笔者认为，埃及等广大中东国家出现常态化的动荡、混乱，正是在上述政治学意义上的几个根本问题上没有回答好、解决好的结果。伊斯兰作为文明、宗教、社会的重大影响因素，其"政治基因"到近代以后由于各种原因被激活，从而走向政治化，甚至被小部分人利用而走向军事化，乃至在短期内上升为"国家治理"，这一过程是如何发生以

〔1〕 刘倩：《历史政治学成政治学发展新出路》，http://orig. cssn. cn/zx/bwyc/201905/t20190522_4900289. shtml；杨光斌：《扎根于中国大地的历史政治学》，https://news. gmw. cn/2020-05/06/content_33804053. htm。

〔2〕 秦治来：《国际关系研究的历史学转向》，载《世界经济与政治》，2011年第8期，第84页。

〔3〕 刘德斌：《国际关系研究"历史路径"的必要性与可能性》，载《史学集刊》，2019年第3期，第17页。

及造成了怎样的内外影响，显然值得深入探究。

总之，透视埃及乃至中东伊斯兰国家政治与宗教的关系，可以具有多重而复杂的视角，但不论怎样都无法忽视古代中东曾经的帝国情结和文明辉煌，无法忽视近代以来现代中东民族国家构建过程中的理论创新和艰辛探索，也无法忽视各国在 20 世纪后半期民族复兴之路上苦苦寻觅实现现代化的选择困境和文化忧思。

作为在阿拉伯世界、非洲乃至整个发展中国家中具有代表性意义的大国，埃及其实从 19 世纪以来一直代表着一种趋势、一种力量、一种价值，这种趋势、力量和价值塑造了埃及的独特性：它是在西方殖民入侵压力下引领中东启动现代化变革的先锋，是受民族主义力量驱使在中东较早实现国家独立并开始民族国家构建的先驱，它无疑还是维护伊斯兰历史传统文化及其核心价值观的灯塔，当然也是谋求通过现代政治手段改造国家的现代伊斯兰主义的滥觞之地。所有的问题交织在一起，在内部交往的意义上常常被简化为政治与宗教的关系。在宗教文化气息浓厚的中东社会，政治与宗教的关系犹如一枚硬币的正反两面，如果没有宗教也就无所谓世俗，两者是既对立又统一的关系。从历史长时段的视角和政治文化的意义上去分析，在埃及这一传统的伊斯兰教国家，宗教深刻地影响和塑造着民众的历史传统、生活方式和价值观念。

但与此同时，埃及政权的地方性、外族性、军事性特点又在很大程度上决定了其政治发展的世俗化趋势，加上近代以来埃及又深受外来文化的影响，二者奇妙地结合在一起，又强化了世俗主义始终居于主流的地位。这就决定了埃及政治与宗教长期处于相互冲突碰撞的角色，双方的关系就如一盘永远下不完的围棋，黑白双方在彼此交往的互动中无休止地进行博弈，但棋局又似乎早就有了结果。不过，对埃及而言，我们认为这种关系可能更像是青白尼罗河汇合之后的尼罗河——作为埃及的母亲河，在哺育伟大的人民、造就伟大的历史的进程中根本就分不清彼此，或许也无需太过于分清彼此。

笔者最后想以我国著名武侠小说大师金庸先生如下的两句话结束本文：

他强由他强，清风拂山岗；

他横任他横，明月照大江。

这是多么富有哲理而又富有画面感的描述啊，一方是清风明月，一方是山岗大江……笔者认为，它不仅参透了埃及政治与宗教关系的本质，也参透了历史上几乎所有文明社会中具有类似关系的事物间的本质：我们发现任何复杂的政治演绎，包括对政治理性的追求，在历经沧海桑田之后，都将内化于人文，最后得以化成天下的，却终究是那一份对文明的坚守或者对文化自信的尊崇。

阿玛纳时代叙利亚-巴勒斯坦地区代表性城邦兴衰考略

孙宝国　历史学博士，上海师范大学都市文化研究中心研究员、影视传媒学院教授、博士生导师

内容摘要： 随着阿玛纳时代的到来，埃及新王国与赫梯帝国为争夺对叙利亚-巴勒斯坦地区众多城邦的宗主权，展开了旷日持久的博弈。在这样的国际和地区政治生态中，如何谋生存、求发展，成为叙利亚-巴勒斯坦地区诸邦共同面临的时代课题。在叙利亚-巴勒斯坦地区诸邦中，最具代表性的当属乌加里特、巴比罗斯、阿姆如。乌加里特基本上保持了相对独立的经济地位，巴比罗斯的埃及化更明显一些，阿姆如则以善于在异常复杂的地缘政治中左右逢源著称。随着历史进入公元前 12 世纪，埃及与赫梯的争霸因亚述的兴起和海上民族的袭扰而变得无足轻重，因为两国或仅能自保或自身难保了。而乌加里特、巴比罗斯、阿姆如等主要城邦的兴衰，则从一个侧面集中反映了阿玛纳时代叙利亚-巴勒斯坦地区乃至东地中海世界政治生态的演进轨迹。

关键词： 阿玛纳时代　叙利亚-巴勒斯坦地区　政治生态

叙利亚-巴勒斯坦地区（以下简称"叙巴地区"），是历史上的一个地理名称，由小亚细亚的托罗斯山脉以南、阿拉伯沙漠以北、两河流域以西的由东北-西南走向的山脉和狭小的地中海东岸沿海平原组成，既是亚洲、非洲、欧洲的交汇之处，亦是里海、黑海、尼罗河的十字路口，大致包括今叙利亚、黎巴嫩、约旦、以色列、巴勒斯坦等国家和地区。公元前 20 世纪早期，占据优越地理位置的叙巴地区出现了众多操塞姆语及印欧语、胡里语等非塞姆语族群的迁徙浪潮，先后出现巴比罗斯、乌加里特、阿姆如、雅姆哈德、卡开麦什、阿什塔塔、阿拉拉等众多建有完备城防体系的城市国家，也即城邦。[1]

随着阿玛纳时代[2]的到来，东地中海世界基本上建构起了一个以埃及、赫梯、米坦尼、巴比伦、亚述五大国（以"兄弟"关系相称且地位基本平等）为中心，以散布其间的大小城邦为缓冲地带，以内外有别的"朝贡体系"话语为表征的相对和平稳定的国际秩序，其核心利益诉求是五大国均视自己为周边大小城邦的"大王"和宗主，均要求周边大小城邦"小王"作为藩属和属邦向自己称臣纳贡，而这一现象在叙巴地区表现得尤为突出。[3]其中，同样被近现代学者称为帝国的埃及与赫梯更是为争夺具有重要经济和战略地位的叙巴地区众多大小城邦的宗主权，展开了旷日持久的激烈博弈。在这样的国际和地区政治、军事、外交格局中，如何谋生存，求发展，成为叙巴地区诸邦时时刻刻不得不

---

〔1〕 中共中央马克思恩格斯列宁斯大林著作编译局译：《马克思恩格斯全集》（第四十七卷），北京：人民出版社，1971 年版，第 322 页。

〔2〕 本文将阿玛纳时代界定为公元前 16 世纪—前 11 世纪东地中海世界各国物质交往和精神交往空前密切且相对和平的历史时期。

〔3〕 孙宝国：《试析晚期青铜时代的东地中海世界进贡体系》，载大象出版社编：《新史学》（第二十二辑），郑州：大象出版社，2019 年版，第 1—11 页。

面对的共同时代课题。

当前国内外学界对阿玛纳时代叙巴地区诸城市国家的兴衰发展、在东地中海世界国际贸易体系中的作用与地位、与域外帝国的关系等问题的研究，已形成一批较为成熟的研究成果，国内学者郭丹彤、袁指挥等学者都有论文涉及这一问题。[1] 本文仅以叙巴地区诸邦中最具代表性的乌加里特、巴比罗斯、阿姆如等城邦为主要对象，试加考察和分析。

一、相对独立的乌加里特

乌加里特（Ugarit）城邦位于今叙利亚地中海沿岸奥伦河河口之南的拉斯·沙姆拉城址，[2] 地处东地中海世界交通要冲，西与塞浦路斯和其他地中海岛屿通过海路相连，南与埃及通过海路和陆路相连，北与小亚南部和东南部、东与两河流域南部和北部通过陆路相连。

公元前 60 世纪—前 50 世纪这里已有人居住。公元前 40 世纪—前 30 世纪，随着阿摩利人（Amorites）和迦南人（Canaan）的迁入，这里进入文明社会。公元前 20 世纪，乌加里特因发达的贸易和手工业而日益繁荣起来。乌加里特是前往两河流域的贸易终点站，而贯穿叙巴沿海地区南北的贸易也是以它为北部起点的。采自塞浦路斯的铜锭在乌加里特得到冶炼，乌加里特的木材加工业也非常著名。来自爱琴文明的商人们长期居住在这里，其

---

〔1〕 稍具体一些的国内外研究现状参见孙宝国：《阿玛纳时代东地中海世界文明共生现象研究（公元前 1600—前 1100 年）》，北京：中国社会科学出版社，2021 年版，第 9—17 页。

〔2〕 1928 年春天，一个叙利亚农民在米内特·贝达（M. Beida）的田间耕作时，无意发现一些古物，引起考古学家的注意。不久，法国学者克劳得·沙斐尔（C. F. Schaffer）前来发掘，一个月后又转移到附近的拉斯·沙姆拉。仅用几天工夫，他便挖出第一批乌加里特泥板，从这时起到 1937 年，大批文献相继出土。许多出土文物陈列在叙利亚大马士革博物馆和黎巴嫩贝鲁特博物馆中。

中的一些人去世后就埋葬于此。

公元前 18 世纪，迦南人在乌加里特建立城邦，由此乌加里特拥有了完备的神庙、宫殿、市政建筑、民用住宅、私人图书馆等基础设施。[1] 公元前 1450 年—前 1200 年是乌加里特的兴盛时期，乌加里特语泥板文献记载了阿米什塔姆如一世、尼克玛都二世、亚尔哈布、尼克梅帕、阿米什塔姆如二世、伊比拉努、尼克玛都三世、阿姆拉庇等八位国王及其事迹。为了保障本国发达的手工业和商业活动的正常运转，乌加里特历代国王凭借中转贸易积聚的巨额财富，打造了一支庞大的舰队，舰船最多时达150 艘。[2] 公元前 12 世纪，乌加里特被入侵的海上民族彻底毁灭。

乌加里特一直是埃及和赫梯反复争夺的对象。埃及第十八王朝国王图特摩斯四世首次将乌加里特纳入埃及版图。[3] 阿蒙霍特普三世统治时期，乌加里特国王阿米什塔姆如一世自称为埃及国王的仆人；而乌加里特的继任国王，也即阿米什塔姆如一世之子尼克玛都二世仍自称为阿蒙霍特普三世的继承人埃赫那吞的仆人。[4] 尼克玛都二世印玺的纹饰融合了典型的埃及元素，如用象形文字来书写自己的名字。[5]

乌加里特国王与其南部邻邦阿姆如（Amurru）的国王经常有书信往来。这些书信内容显示，早在乌加里特国王尼克玛都二世

---

〔1〕 最早提及乌加里特的文献出土于其邻城埃伯拉，时间为公元前 18 世纪。

〔2〕 M. C. Astour, "New Evidence on the Last Days of Ugarit", *American Journal of Archaeology*, Vol. 69, 1965, p. 256.

〔3〕 M. C. Astour, "Ugarit and the Great Powers", in G. D. Young, ed. *Ugarit in Retrospect*, Winona Lake: Eisenbrauns, 1981, pp. 10–15.

〔4〕 EA 49. 本文所引用的阿玛纳书信的内容，均按照国际惯例采用缩略的方式予以标识。其中，"EA"为"Tell EL-'Amārna"（埃勒-阿玛纳）的缩写，指代阿玛纳书信；49 指代编号为 49 的阿玛纳书信。参见 W. L. Moran, ed. *The Amarna Letters*, Rev. ed., Baltimore and London: Johns Hopkins University Press, 1992。下同。

〔5〕 同〔3〕, pp. 16–17。

和阿姆如国王阿兹如统治时期，双方就达成了互助同盟协议，阿兹如还派兵支援尼克玛都二世抵御外敌的入侵。[1] 一支名为乌曼曼达的部族对乌加里特的安全构成威胁，经阿姆如国王奔提什那居中调停，双方化干戈为玉帛。[2] 两国关系还随着两次王室联姻得到巩固：先是乌加里特国王尼克梅帕迎娶阿姆如国王图庇·泰苏普之女阿哈特米尔基；后是阿姆如国王奔提什那之女嫁给了乌加里特国王阿米什塔姆如二世。[3]

乌加里特后来沦为赫梯（Hittite）属邦，甚至一度被并入赫梯版图。乌加里特与赫梯所签署的和平条约中规定了双方的权利和义务，包括保护双方边境安全，乌加里特向赫梯纳贡，赫梯在乌加里特遭到入侵时出兵援助等内容，堪称世界古代宗藩条约的范本。为了打击埃及在叙巴地区属邦，赫梯国王苏皮路里乌马一世致信乌加里特国王尼克玛都二世，允许并鼓励后者攻击其周边反叛的赫梯邦国、收编其兵力、兼并其领土。[4]

乌加里特是当时东地中海世界的商品集散地和国际贸易市场，来自各地的商人聚居于此，彼此进行贸易，同时迦南、埃及、两河流域等地的文化也不可避免地被传播开来，共同构成了乌加里特典型的多元文化特色。来自东地中海世界各国各地区的操埃及语、苏美尔语、胡里语、阿卡德语、阿拉西亚-米诺斯语、卢维语、乌加里特语的商人们在该城建立各种自治组织和团体，协调各自的经贸活动。而乌加里特书吏不但通晓楔形文字，而且对埃及的文字系统也运用自如。不仅如此，他们还研习阿卡德

〔1〕 I. Singer, "A Concise History of Amurru", in S. Izre'el and I. Singer, eds. *Amurru Akkadian: A Linguis tic Study*, Atlanta: Scholars Press, 1991, pp. 156–157.

〔2〕 H. Klengel, *Syria, 3000 to 300 BC: A Handbook of Political History*, Berlin: Akademie Verlag, 1992, pp. 142, 172.

〔3〕 E. Laroche, *Catalogue des Texts Hittites*, 2nd ed. , Paris: Klincksieck, 1971, p. 107.

〔4〕 T. Bryce, *The Kingdom of the Hittites*, New ed. , Oxford: Oxford University Press, 2005, p. 165.

语、苏美尔语、胡里安语。公元前 15 世纪，他们又创造了自己的语言乌加里特语——一种以楔形为文字为外在形式的拼音文字。这是人类历史上的第一种拼音文字。

二、倾向埃及的巴比罗斯

巴比罗斯（Byblos），在阿卡德语中被称为古布拉（Gubla），坐落在地中海东岸，位于今黎巴嫩首都贝鲁特以北约 40 千米。巴比罗斯的历史可以追溯到约公元前 50 世纪的新石器时代，人类定居点开始在这里出现。公元前 32 世纪，这里的居民大规模垒石筑屋。约公元前 28 世纪，迦南人在此建城。[1] 巴比罗斯的特殊性就在于其是古代东地中海世界最重要的国际海上贸易中心之一，巴比罗斯商船甚至远航到蓬特地区[2]。

巴比罗斯地处埃及海上贸易的最北端，是埃及在亚洲最大的贸易伙伴。[3] 从埃及第一王朝开始，巴比罗斯就成为埃及进口黎巴嫩雪松、油脂、树脂等产品的重要港口。木材主要用于建筑和制作家具，油脂和树脂则被用来制作木乃伊，同时应用于医学。通过巴比罗斯，埃及与叙巴地区北部的埃伯拉和爱琴诸岛建立了间接贸易往来关系。[4] 考古学家曾在埃伯拉（Ebla）遗址发掘出一盏刻有埃及第四王朝国王胡夫名字的灯台以及第六王朝

---

〔1〕 W. Helck, *Die Beziehungen Ägyptens zu Vorderasien im 3. und 2. Jahrt ausend v. Chr.*, Wiesbaden: Harrassowitz, 1971, pp. 21–24.

〔2〕 蓬特（Punt），一个与埃及有着贸易联系的地区，在壁画中曾被描绘过，但其具体位置尚有争议。这个地名很可能指人们沿着红海顺流而下可以到达的阿拉伯半岛西南部、厄立特里亚、索马里等所在地区。因盛产香木，蓬特被誉为香木之地，而香木主要用于神庙的祭拜。

〔3〕 D. B. Redford, "A Gate Inscription from Karnak and Egyptian Involvement in Western Asia during the Early 18th Dynasty", *Journal of the American Oriental Soliety*, Vol. 99, 1979, p. 274.

〔4〕 W. A. Ward, "Egyptian Relations with Canaan", in D. N. Freedman, et al. eds. *The Anchor Bible Dictionary*, Vol. II, New York: Doubleday, 1992, p. 401.

国王派比一世名字的瓶盖。有学者认为，"这些物品可能是通过某一沿海城市间接传播到埃伯拉的，而这个作为中转站的城市应该是巴比罗斯。"[1]

除了贸易活动，巴比罗斯与埃及一直存在着政治、宗教、军事等方面的密切交往。在巴比罗斯保护神阿斯塔特女神[2]庙的墙壁上，刻有许多埃及国王的名字，如第二王朝的哈塞海姆威，第四王朝的胡夫、哈弗拉、蒙卡拉，第五王朝的萨胡拉、尼斐利尔卡拉、迪德卡拉、纽塞拉、伊塞西、乌纳斯，第六王朝的特悌、培比一世、麦里拉、培比二世，第十二王朝阿蒙尼姆赫特二世。刻有"巴比罗斯总督"字样的印玺等考古文物显示，在埃及第十二王朝时期，巴比罗斯承认了埃及的宗主国地位。埃及第十三王朝时期，巴比罗斯国王因吞仍奉埃及为宗主国。约公元前2150年，操塞姆语的阿摩利人焚毁巴比罗斯。约公元前1950年，在埃及的支持下，巴比罗斯重建神庙和城市，经贸活动更是扩展到位于里海和黑海之间的中亚高加索地区和爱琴海之南的地中海克里特岛等地。[3]

埃及第十八王朝时期，巴比罗斯的名字频繁出现在阿玛纳书信中。"他们就这样占据了陛下的土地，他们以为自己是谁！难道他们是米坦尼国王、巴比伦国王或赫梯国王？"[4]巴比罗斯国王瑞布·阿达在给埃及国王埃赫那吞的信中强烈谴责自不量力的阿姆如国王阿布迪·阿什尔塔和阿兹如对埃及所属叙巴城邦的颠覆和扩张行径，时刻期盼埃及派军镇压。瑞布·阿达还报告说阿

〔1〕 G. S. Matthiae, "*The Relations Between Ebla and Egypt*", in E. D. Oren, ed. *The Hyksos: New Historical and Archaeological Perspectives*, Philadelphia: Pennsylvania University Museum, 1997, pp. 415–429.

〔2〕 阿斯塔特女神，又称巴阿拉特·盖特尔女神，是巴比罗斯的保护神，其地位相当于埃及的哈特尔女神。

〔3〕 D. B. Redford, *Egypt, Canaan and Israel in Ancient Times*, Princeton: Princeton University Press, 1992, p. 208.

〔4〕 EA 116.

布迪·阿什尔塔正在纠集阿皮如人势力，准备大举入侵古布拉城邦。[1] 但没有出土文献表明埃及对来自巴比罗斯的请求和警报表明态度或采取行动。

巴比罗斯与埃及的交往在埃及第十九王朝时期达到最高水平，而埃及第二十王朝、第二十一王朝时期有所下降，埃及第二十二王朝、第二十三王朝时有所回升。第三中间期结束后，埃及历史进入后王朝时期，巴比罗斯作为国际商港口的地位逐渐被其新兴的邻居西顿和推罗取代。[2]

三、左右逢源的阿姆如

"阿姆如"一词，最早见于出土于泰尔·法拉的一份公元前26世纪的苏美尔语楔形文字文献，其表意符号写作 MAR. TU。[3] 该词在阿卡德语中写作 Amurru，主要有四种含义，即方位名"西方"[4]、地域名"西部"、族群名"西部部族"、神明名"西部部族之神"[5]。而就部族名而言，具体是指两河流域居民对幼发拉底河中游以西叙巴地区奥伦特斯河两岸操西塞姆语的游牧部落

---

〔1〕 EA 74.

〔2〕 W. Helck, *Die Beziehungen Ägyptens zu Vorderasien im 3. und 2. Jahrt ausend v. Chr.*, Wiesbaden: Harrassowitz, 1971, pp. 93 - 94; D. B. Redford, *Egypt, Canaan and Israel in Ancient Times*, Princeton: Princeton University Press, 1992, pp. 101-165; J. Van Seters, *The Hyksos: A New Investigation*, New Haven: Yale University Press, 1966, pp. 121 - 126; A. H. Gardier, *Egypt of the Pharaohs: An Introduction*, London: Oxford University Press, 1978, pp. 156-157.

〔3〕 A. Haldar, *Who were the Amorites?* Leiden: E. J. Brill, 1971, p. 5.

〔4〕 D. Frayne, *The Royal Inscriptions of Mesopotamia - Early Reriods Volume 2: Sargonic and Gutian Periods (2234-2113BC)*, Toronto, Buffalo and London: University of Toronto Press, 1993, pp. 91-92; D. O. Edzard, *The Royal Inscriptions of Mesopotamia - Early Periods Volume3/1: Gudea and His Dynasty*, Toronto, Buffalo and London: University of Toronto Press, 1997, p. 34; I. J. Gelb, "The Early Hisory of the West Semitic Peoples", *Journal of Cuneiform Studies*, Vol. 15, No. 1, 1961, p. 30.

〔5〕 K. Van der Toorn, "Amurru", in K. Van der Toorn, B. Becking and P. W. Van der Horst, eds. *Dictionary of Deities and Demons in the Bible*, 2nd Extensively Rev. ed., Leiden, Boston and Köln: E. J. Brill, 1999, p. 32.

的称谓。[1] 自公元前 30 世纪后期开始，来自"西方"的一些部落逐渐东迁至叙利亚内陆地区，其中的某些部落或家族开始崛起。苏美尔人创立的乌尔第三王朝结束后，出现了操西塞姆语的阿摩利人主导的伊新-拉尔萨王朝，最终他们重新统一两河流域，建立古巴比伦王朝。在古巴比伦王朝时期的马瑞（Mari）书信及阿拉拉赫（Alalakh）文书中，作为地理概念的阿姆如地区，位于霍姆斯平原与地中海之间的叙利亚中南部。[2] 而作为政治实体的阿姆如城邦，则从约公元前 14 世纪开始出现，其地理位置大致处于霍姆斯河与地中海之间的卡特那以南、哈苏拉以北并与阿拉拉赫相邻的地区。[3]

阿姆如的地理位置决定了其国运在阿玛纳时代与周边强国息息相关。以胡里人为主体的米坦尼（Mitanni）王国一度成为叙利亚地区的霸主。约公元前 16 世纪，埃及新王国建立伊始，阿赫摩斯一世驱逐了曾经曾统治埃及北部并建立王朝的来自亚洲的操塞姆语的希克索斯人（Hyksos），并乘胜将埃及的势力范围扩张到叙巴地区。经过百余年的争夺，埃及逐渐占得上风，取代米坦尼成为叙巴地区很多城邦的宗主国。[4] 约公元前 14 世纪，北方的赫梯王国国王苏皮路里乌马一世开始向南扩张，不断蚕食位于

〔1〕 A. H. Gardiner, *Ancient Egyptian Onomastica*, Vol. II, Oxford: Oxford University Press, 1947, pp. 235 - 236; I. Singer, "The 'Land of Amurru' and the 'Lands of Amurru' in the Šaušgamuwa Treaty", *Iraq*, Vol. 53, 1991, p. 69; A. K. Grayson, *Assyrian Rulers of the Early First Millennium BC* (1114-859 BC), Toronto, Buffalo and London: University of Toronto Press, 1991, pp. 37, 41, 42, 44, 52, 53, 57, 60, 63, 64, 96, 104, 218, 298, 309, 311, 312, 330.

〔2〕 I. J. Gelb, "The Early History of the West Semitic Peoples", *Joural of Cuneifom Studies*, Vol. 15, No. 1, 1961, p. 41; H. Klengel, *Syria, 3000 to 300 BC: A Handbook of Political History*, Berlin: Akademie Verlag, 1992, p. 161.

〔3〕 I. Singer, "A Concise History of Amurru", in S. Izre'el and I. Singer, eds. *Amurru Akkadian: A Linguistic Study*, Atlanta: Scholars Press, 1991, p. 137.

〔4〕 B. M. Bryan, "The 18th Dynasty before the Amarna Period (ca. 1550-1352 BC)", in Ian Shaw ed. *The Oxford History of Ancient Egypz*, Oxford and New York: Oxford University Press, 2003, pp. 237-241.

阿姆如以北、以东的米坦尼属邦。阿姆如虽然名义上是埃及属邦，但由于其地处埃及势力范围的最北端，自然成为埃及实际控制力最为薄弱的地带。米坦尼的自顾不及、赫梯的无暇顾及、埃及的鞭长莫及，客观上为阿姆如的悄然崛起创造了有利的国际和地区环境。

早在埃及第十八王朝国王阿蒙霍特普三世在位初期，在以"埃及的敌人"[1]阿布迪·阿什尔塔为首的家族领导下，可能是出于控制贸易路线和征收赋税等动机，阿姆如城邦采取煽动阿皮如人[2]发动"杀死你们的主人"[3]的起义与直接派遣大军兵临城下相结合的策略，首先成功吞并了周边的什伽塔、阿弥亚、伊尔卡塔、图尼普等埃及属邦。为警告和威慑阿姆如的扩张行为，埃及曾在其间派阿玛纳帕率部抵达叙利亚沿海地区。[4]但阿布迪·阿什尔塔并未因此而有所收敛，却将矛头指向埃及在叙巴地区最富庶的属邦巴比罗斯，他将军队"集结在宁努尔塔神庙里"，号召周边各邦中的阿皮如人奋起反抗埃及的殖民统治："像我这样杀死你的主人，然后你将赢得和平！……我们应把殖民者赶出我们的土地，所有的土地都将成为阿皮如人的，一个宣示和平的条约将在这片土地上签订，我们所有的儿女都将生活在和平的家园里。法老终将被逐，因为所有土地都视他为敌，他能拿我们怎么样！我们已经建立了联盟。"[5]为了最后夺取巴比罗斯，阿布

---

〔1〕 EA 62.

〔2〕 阿皮如人(Habiru)，可能是指散居于阿姆如及其周边各邦中的游牧民族，阿玛纳书信中提示阿皮如人俨然是支撑阿姆如城邦不可或缺的重要政治和军事依靠力量，令巴比罗斯国王瑞布·阿达等叙巴地区诸邦统治者忌惮不已。参见 EA 71, EA 73。不过需要说明的是，当前学界对阿玛纳文献中阿皮如人的指涉仍有较大争议，各种观点参见 S. D. Waterhouse, *"Who Are the Habiru of the Amarna Letters?"* *Journal of the Adventist Theological Society*, Vol. 12, Issue 1, 2001, pp. 31–42。

〔3〕 EA 71.

〔4〕 EA 79, EA 117.

〔5〕 EA 74.

迪·阿什尔塔先行攻占了埃及总督直接管辖的乌拉萨和苏穆尔，[1] 然后对巴比罗斯形成合围之势，从而引发了巴比罗斯国内政局的动荡，甚至出现了国王被刺事件。[2] 为解巴比罗斯之围，阿蒙霍特普三世曾写信谕令贝鲁特、西顿、推罗派兵驰援，但遭到婉拒，这三个城邦可能已经被迫与阿姆如结盟，因为有文献显示阿布迪·阿什尔塔曾在阿皮如人护卫下专程赴贝鲁特会见其国王亚帕赫·阿达。[3] 巴比罗斯国王瑞布·阿达在致信阿蒙霍特普三世求援时也提到来自阿布迪·阿什尔塔的政治压力和外交攻势："请尽快回信，否则我将不得不像贝鲁特国王亚帕赫·阿达和西顿国王兹穆尔·埃达一样，与阿布迪·阿什尔塔结盟。"[4]

与对周边城邦直接付诸武力的解决方式截然不同，阿布迪·阿什尔塔与埃及和米坦尼两大邻国巧妙周旋，从外交的层面"成功地臣服于两个宗主"[5]。他致信阿蒙霍特普三世称自己为"埃及国王的仆人和埃及宫殿中的一条狗，代表埃及管理阿姆如"[6]，并抵御米坦尼对埃及北部属地的侵扰，保卫埃及国王的疆土。而几乎与此同时，他又亲自前往米坦尼负荆请罪，承诺定期缴纳贡赋，以取得米坦尼国王的谅解。[7] 有阿玛纳书信显示，米坦尼国王曾回访过阿姆如，并到达阿姆如占领下的苏穆尔，对阿姆如疆域之辽阔赞叹不已。[8] 对于占领埃及总督帕纳哈特驻

---

〔1〕 EA 84.

〔2〕 EA 81.

〔3〕 EA 85.

〔4〕 EA 83.

〔5〕 H. Klengel, *Syria, 3000 to 300 BC*: *A Handbook of Political History*, Berlin: Akademie Verlag, 1992, p. 165.

〔6〕 EA 60.

〔7〕 EA 101; D. O'Conner and E. H. Cline, eds. *Amenhotep III*: *Perspectives on His Reign*, Ann Arbor: University of Michigan Press, 1997, p. 228.

〔8〕 EA 85, EA 90, EA 95.

守的阿穆尔城这一事件，阿布迪·阿什尔塔在致埃及国王阿蒙霍特普三世的书信中诡称其目的在于替有其他公务在身的帕纳哈特照看苏穆尔的田地。[1] 而在写给帕纳哈特本人的书信中，他又辩称占领苏穆尔的目的是防止游牧民族舍赫拉里人的袭扰。[2]

阿布迪·阿什尔塔的军事外交行动令阿蒙霍特普三世一筹莫展，十分被动，但阿蒙霍特普三世很快收到"阿布迪·阿什尔塔病重"[3] 的"好消息"。趁此机会，阿蒙霍特普三世派兵讨伐并击败阿姆如，而阿布迪·阿什尔塔很可能在此期间死于国内动乱，因为一封阿玛纳书信提到"他们已经杀了阿布迪·阿什尔塔，所以战舰不必驶入阿姆如海域"[4]。

然而，尽管阿布迪·阿什尔塔去世了，但其子阿兹如继承王位并继续奉行扩张政策。阿兹如通过承诺放弃对位于乌加里特南面的西亚努的兼并，与北方的乌加里特签订了联盟条约："乌加里特国王尼克玛都与阿姆如国王阿兹如共同发誓：既往阿姆如反对乌加里特的言论，已于今日即行终止。"[5] 阿兹如随后又与艾塔卡马结盟，然后南下攻陷巴比罗斯并斩杀其国王瑞布·阿达，接着东向征服奥伦特斯河中游的图尼普[6]，最后再转向东南，一举占领了奥伦特斯河上游的阿姆克、乌普，使其领土西邻地中海沿海平原的乌拉萨、苏穆尔，东邻大马士革、卡代什，北邻乌加里特、卡特那、努哈什舍，大致囊括了黎巴嫩以东的哈布尔河

---

〔1〕 EA 60.

〔2〕 A. F. Rainey, *The El-Amarna Correspondence: A New Edition of the Cuneiform Letters from the Site of El-Amarna Based on Collations of All Extant Tablets*, Leiden: E. J. Brill, 2015, p. 18.

〔3〕 EA 95.

〔4〕 EA 101; I. Singer, "A Concise History of Amurru", in S. Izre'el and I. Singer, eds. *Amurru Akkadian: A Linguistic Study*, Atlanta: Scholars Press, 1991, p. 145.

〔5〕 J. Nougayrol, *Le Palais Royal d'Ugarit*, Vol. IV, Paris: Presses Universitaires de France, 1961, pp. 284-285.

〔6〕 EA 59.

两岸地区。[1] 如果说阿布迪·阿什尔塔是阿姆如国家的草创者，那么阿兹如则是阿姆如国家当之无愧的奠基者，这一方面体现在阿兹如的印章被后继者奉为阿姆如"传国玉玺"[2]，另一方面表现为阿兹如成功地将骁勇善战的阿皮如人由其父王时代互相利用的盟友彻底收服为绝对忠诚的部属。[3]

对于取代米坦尼的北方新兴大国赫梯及南方的传统强国和名义上的宗主国埃及，效仿其父王，阿兹如采取了与对付周边小邦完全不同的低姿态和灵活策略。但想要在南北两大敌对强国之间左右逢源，夹缝中求生求发展，对于阿兹如而言殊为不易。譬如，面对北方强邻赫梯，阿兹如表现得恭顺有加，殷勤款待和赏赐赫梯使节，但却使未受到同等礼遇的埃及使节感到受到了前所未有的怠慢甚至侮辱。[4] 埃及国王埃赫那吞对阿兹如的此类做法非常不满，同时直言不讳地谴责阿兹如私下交结已臣服赫梯、与埃及为敌的卡代什国王的行径，认为这都是对埃及的赤裸裸的背叛。[5]

为了消除名存实亡的宗主国埃及的疑虑，阿兹如谦卑有加地致信埃及总督图图，信誓旦旦地表示"阿姆如是您的土地，我家就是您家""我是我的主人、国王陛下的仆人，决不会违背他的旨意"。[6] 阿兹如请求图图拒绝"骗子在埃及国王面前造谣滋事"，[7] 声称古布拉等"所有那些城邦的统治者都是骗子"，[8]

---

〔1〕 I. J. Gelb,"The Early Hisory of the West Semitic Peoples", *Joural of Cuneiform Studies*, Vol. 15, No. 1, 1961, p. 42.

〔2〕 H. Klengel, *Syria, 3000 to 300 BC: A Handbook of Political History*, Berlin: Akademie Verlag, 1992, pp. 161, 165.

〔3〕 EA 73, EA 81, EA 85, EA 126, EA 138.

〔4〕 EA 161.

〔5〕 EA 162.

〔6〕 EA 60.

〔7〕 EA 158.

〔8〕 EA 159.

恳求埃及国王明察。与此同时，阿兹如在信中表示将会一如既往地向埃及称臣纳贡，并许诺重建被其损毁的苏穆尔城。[1] 但埃赫那吞不依不饶，执意要求阿兹如亲赴埃及当面解释。担心这必定是一场鸿门宴的阿兹如再三推脱，"我正在图尼普城，赫梯国王正要来阿姆如——陛下的土地，我的主人和陛下怎能不允许我留下来保卫你自己的土地呢？现在赫梯国王已进抵努哈什舍，再有两天就到图尼普了，我担心他会攻击图尼普。"[2] 阿兹如在书信中反复强调阿姆如是埃及的土地，而赫梯人对埃及利益的威胁迫在眉睫。[3] 他甚至建议派两位王子赴埃及为质，自己留在阿姆如应对赫梯的军事威胁。[4] 但已然恼羞成怒的埃赫那吞不为所动，阿兹如权衡再三，最后不得不决定在埃及官员哈提普的陪同下应召前往埃及，但在临行前，他特地致信埃赫那吞，要求埃赫那吞及其臣属在阿姆如众神和阿蒙神前面发誓绝不伤害他。[5] 然而，正如阿兹如所料，甫至埃及，他就被软禁起来。

为了营救阿兹如，阿姆如当局曾致信埃赫那吞，以努哈什舍和赫梯正在对阿姆如之地构成威胁为由，请求他"不要扣留你的仆人阿兹如，让他回来镇守国王、我的主人的土地"，[6] 但一直未果。直到数年后，可能是基于地缘政治的综合考虑，埃赫那吞将阿兹如释放回国。[7] 有文献记载，此时的阿兹如尽管已经双目失明，但"秉性一如当初，未曾稍改"[8]。回国的阿兹如继续奉行亲赫梯政策，主动向赫梯靠拢，并在苏皮路里乌马一世降服

〔1〕　EA 160–161.

〔2〕　EA 165.

〔3〕　EA 168.

〔4〕　EA 156,EA 160,EA 164–167.

〔5〕　EA 164.

〔6〕　EA 169–170.

〔7〕　D. B. Redford, *Akhenaten: The Heretic King*, Princeton: Princeton University Press, 1984, p. 92 ff.

〔8〕　EA 169.

卡赫美什后，与赫梯签署了宗藩条约，条约开篇即写道："当埃及国王、米坦尼国王与其他众邦首领都与赫梯国王为敌之际，阿兹如从埃及的大门走过来……跪倒在国王面前。"[1] 根据该条约，阿姆如每年需向赫梯纳贡纯黄金 300 舍克尔，同时不得再寻找第三国的保护。[2] 从此，阿姆如与卡代什一样，正式脱离埃及的控制，使埃及在亚洲的势力范围退缩至奥伦特斯河谷以南地区。

苏皮路里乌马一世去世后，阿姆如仍执行向赫梯称臣纳贡的国策，当赫梯属邦卡代什和努哈什舍举兵反叛时，阿姆如也表明了支持赫梯平叛的立场。[3] 穆尔西里二世继阿努万达三世登上赫梯王位后，与阿姆如国王图庇·泰述普续签了宗藩条约，规定"你的先祖曾向埃及纳贡，但你不要再行此事"[4]。但此时的埃及仍没有放弃与赫梯争夺阿姆如宗主国的执念，埃及第十九王朝国王塞提一世在远征叙巴地区的过程中，曾攻占"卡代什和阿姆如之地"，[5] 埃及在叙巴地位的影响力可能有所恢复，而阿姆如与埃及的原有宗藩关系亦可能得到某种程度的修复。及至塞提一世之子拉美西斯二世发动的卡代什战役爆发前夕，时任阿姆如国王的本提什纳错判战争结局，认为埃及将会赢得胜利，遂以当年臣服赫梯完全是出于先王阿兹如的个人意愿为由，向赫梯国王穆瓦塔里二世宣布"我们不再是你的臣民了"[6]，断然撕毁了与赫梯的宗藩条约，转而向埃及称臣纳贡。穆瓦塔里二世很快平息了阿姆如的反叛并废黜了本提什纳的王位，随后扶植亲赫梯的"萨

〔1〕 HDT 5. HDT 为 *Hittite Diplomatic Texts* 的缩写，5 指代编号为 5 的文献。参见 G. Beckman, *Hittite Diplomatic Texts*, 2nd edition, Atlanta: Scholars Press, 1999。下同。
〔2〕 HDT 5.
〔3〕 HDT 8.
〔4〕 同〔3〕。
〔5〕 A. H. Gardiner, *Ancient Egyptian Onomastica*, Vol. I, Oxford: Oxford University Press, 1947, p. 140.
〔6〕 HDT 17.

庇里当了阿姆如之王"[1]。

卡代什战役以后，为了恢复埃及在叙巴地区的势力范围，拉美西斯二世发动了第八次叙巴远征，曾一度占领属于阿姆如的一座城市，[2] 但埃及在叙巴地区的攻势已是强弩之末，最终无功而返。哈图什里三世继任赫梯国王后，迅速崛起的亚述（Assur）国家已然取代埃及成为赫梯的头号劲敌。为了应对变化了的国际形势，哈图什里三世一面恢复了亲埃及的本提什纳的阿姆如王位以向埃及示好，一面主动向拉美西斯二世伸出橄榄枝，最终促成了两国签署了和平条约，即《银板条约》。条约文本尽管没有明确表述埃及放弃对阿姆如之地的声索，但事实上反映了埃及承认阿姆如作为赫梯属邦的身份和地位。沙乌什加姆瓦继任阿姆如国王后，赫梯国王图德哈里亚四世与其签署了新的宗藩条约，针对来自亚述的日益严峻的共同威胁，条约专门规定"由于亚述国王是赫梯国王之敌，故其亦为你之敌。你的商人不要去亚述，你也不要让亚述商人到你的国家经商。"[3]

四、夹缝求生的其他城邦

对于叙巴诸邦，与赫梯采用宗藩条约的形式加以严格约束不同，除了在为数不多的战略要点有少量驻军和派出机构外，埃及的统治方式相对而言更为间接，也更为温和，因而受到一些事实上取得半独立甚至独立地位的城邦的认同甚至欢迎。譬如，埃及第十八朝的开创者阿赫摩斯一世驱逐希克索斯人的战争结束后，沙如罕（Sharuhen）就失去了政治上的重要性，后历经阿赫摩斯

---

〔1〕 HDT 17.

〔2〕 A. H. Gardiner, *Ancient Egyptian Onomastica*, Vol. I, Oxford：Oxford University Press, 1947, p. 179.

〔3〕 同〔1〕。

一世之后四代国王，沙如罕的地位最终被加沙（Gaza）取代。作为叙巴地区的典型埃及化城邦，[1] 及至埃及第十九王朝时期，加沙的许多原住民都受雇于埃及派出机构，其中不少人成为往来于加沙和埃及两地的信使。在加沙的埃及驻军中还设有一名书记员，主要职责是向埃及国王汇报当地的军政信息。此外，加沙还在城中建有阿蒙神庙和专门的埃及国王崇拜场所。[2]

而纵观阿玛纳时代的大部分时间，叙巴诸邦奋起反抗赫梯殖民统治的事件史不绝书。如努哈什里国王和卡特纳国王都致信埃赫那吞表达回到埃及怀抱的愿望；图尼普国王甚至在信中恳请埃及国王本人直接做他们的国王。[3] 经过长时期的酝酿，姆克什、努哈什里、尼亚组成反赫梯联盟，宣布中止与赫梯的宗藩关系，同时试图武力说服乌加里特加盟。令三国始料未及的是乌加里特国王尼克玛都尽管曾对埃及十分恭顺，但竟在这一关键时刻站到了赫梯人一边。尼克玛都致信苏皮路里乌马一世请求援助并宣誓效忠，而苏皮路里乌马一世毫不犹豫地抓住了这次机会，一封答应请求的书信从哈图沙（Hattusha）火速送至乌加里特，几乎与此同时，一支赫梯精锐部队亦被派往乌加里特，联军很快溃败。当苏皮路里乌马一世前往阿拉拉赫督战时，尼克玛都一方面断然宣布与埃及断绝一切外交关系，一方面谦卑地亲自渡过奥伦特斯河迎驾。[4]

苏皮路里乌马一世的胃口当然不止于此。在进占姆克什、努哈什里、尼亚后，他要求周边其他所有城邦都要向他宣誓效忠。然而，卡特纳和乌普断然拒绝了，因为这两邦实际是由埃及所通

〔1〕 EA 296.

〔2〕 R. Giveon, *The Impact of Egypt on Canaan*, Göttingen: Vandenhoeck and Ruprecht, 1978, p. 23.

〔3〕 EA 51-55, EA 59.

〔4〕 M. C. Astour, "Ugarit and the Great Power", in G. D. Young, ed. *Ugarit in Retrospect*, Winona Lake: Eisenbrauns, 1981, pp. 19-20.

过任命的总督直接统治的。[1] 对于卡特纳，赫梯人毫不手软，下令攻城，城池被夷为平地，居民则沦为奴隶。对于乌普，赫梯人没有立即攻城灭国，但不久之后仍派遣一支部队洗劫了该邦。苏皮路里乌马一世的上述军事行动表明，他已经将矛头直指埃及在叙巴地区的直接领地。苏皮路里乌马一世之后的阿努万达三世、穆尔西里二世、穆瓦塔里二世等赫梯国王继续与埃及第十九王朝国王拉美西斯一世、塞提一世、拉美西斯二世为争夺叙巴地区的势力范围而缠斗不休。这往往令身处夹缝之中叙巴地区诸邦很难左右逢源。

五、结语

随着历史进入公元前 12 世纪，埃及与赫梯的争霸因亚述的兴起和海上民族[2]的袭扰而变得无足轻重，因为两国都已自顾不暇、力不从心了。[3] 对于叙巴诸邦来说，结局则是令人唏嘘的：叙巴地区的代表性城邦乌加里特于公元前 1185 年被海上民族夷为平地；阿姆如这一曾经牵动整个叙巴地区神经的著名城邦也归于沉寂。对于强盛一时的赫梯来说，其首都哈图沙于公元前 1176 年亦被海上民族摧毁，统一的赫梯国家土崩瓦解；古代东地中海世界的传统大国埃及则被迫退守本土，虽然挡住了海上民族的冲击，但综合国力遭到了严重削弱。

---

〔1〕 EA 53,EA 197.

〔2〕 关于海上民族的族群归属，参见 F. C. Woudhuizen, *The Ethnicity of the Sea Peoples*, PhD Dissertation, Rotterdam: Erasmus Universiteit, 2006, pp. 117–121.

〔3〕 J. M. Weinstein, "The Egyptian Empire in Palestine: A Reassessment", *Bulletin of the American Schools of Oriental Research*, Vol. 241, 1981, p. 17.

中地中海路线非法移民问题及欧盟的应对

——以"索菲娅行动"为例

江　涛　法学博士，中央财经大学政府管理学院国际政治系副主任、副教授，英国利兹大学访问学者

内容摘要：长期以来，中地中海路线非法移民问题是欧盟面临的一个难题。为了解决这一难题，欧盟采取了多项措施。2015 年，欧盟启动了"索菲娅行动"，该行动旨在拦截地中海的非法走私者，破坏非法贩运和非法人口走私的商业网。索菲娅行动是欧盟第一次部署海军力量来执行具有一定强制力的危机管理行动，但在实施的近五年间，仅取得有限的成功。由于利比亚局势的动荡和欧盟非法移民治理的局限性，解决中地中海路线非法移民问题任重道远。

关键词：非法移民　中地中海路线　治理　索菲娅行动

　　由于历史和现实的原因，北非是非法移民

进入欧洲的重要通道。[1] 在进入欧洲的三条地中海路线中，中地中海路线是距离最短、但也是最凶险的路线，而利比亚则是中地中海路线非法移民的最重要集结点。

2011年，卡扎菲政权被推翻后，利比亚陷入无政府状态，利比亚难民移民问题集中爆发。2014年，利比亚第二次内战爆发后，中地中海路线非法移民问题加剧。2015年4月18日，一艘载有非法移民的船只在意大利兰佩杜萨岛以南约200千米的利比亚附近海域倾覆，造成超过800人死亡。惨剧发生后，欧盟启动了欧盟地中海海军行动——索菲娅行动（Operation Sophia）。

那么，中地中海路线非法移民问题是怎么产生的？欧盟是如何应对非法移民和难民危机问题的？为什么要启动索菲娅行动？该行动有什么特点？实施效果怎样呢？中地中海路线非法移民问题解决的前景如何？这些问题都很重要，本文借助公开的资料来初步回答这些问题。

一、中地中海路线非法移民问题的产生与发展

跨国移民是当前国际社会交流互动的一个重要体现。[2] 根据国际移民组织的统计，2019年全球国际移民数量接近2.72亿。[3] 20世纪50年代以来，环境相对安全和生活富裕的欧洲成为移民者青睐的目的地。20世纪90年代以来，随着冷战的结束和东欧国家边界的开放，欧洲经历了新的一波移民潮。1989年至

---

〔1〕 国际移民组织将"非法移民"定义为由于非法入境或签证失效，在过境国或收容国缺乏合法身份的人。此术语适用于违反入境规则的移民和其他未经授权而在收容国居留的任何人，也称作秘密/非法/无证件移民或处于非正规状态的移民。参见国际移民组织：《移徙词汇》，https://publications.iom.int/system/files/pdf/iml_13_chi.pd。

〔2〕 陈积敏：《非传统安全视角下的国际移民挑战及其治理》，载《区域与全球发展》，2021年第4期，第113页。

〔3〕 国际移民组织：《世界移民报告2020》，https://publications.iom.int/system/files/pdf/wmr-2020-ch_1.pdf。

1992 年，庇护申请从 32 万人剧增到 69.5 万人。[1]

1993 年《马斯特里赫特条约》生效后，欧盟国家内部人员流动日益宽松，但是欧盟的移民政策却开始收紧，实行严格的边界管制和签证制度，这使得非法进入欧洲的移民不断增多，日益成为欧盟面临的一个突出的问题。[2]

对于非法移民来说，欧洲是距离中东和非洲最近的富裕、安全和交通便利的地区。同时，一些欧洲国家以欢迎寻求庇护者并提供福利帮助他们新建家园而闻名。为了前往欧洲，许多非法移民会选择通过北非来穿越地中海而从海上入境欧洲的路线。

一般说来，非法移民通过海上进入欧洲有四条路线：东地中海路线、中地中海路线和西地中海路线及西非路线。

东地中海路线是通过从土耳其和巴尔干半岛抵达希腊、塞浦路斯和保加利亚的路线。2015 年，由于叙利亚内战的影响，大批寻求庇护的难民通过东地中海路线抵达欧盟。此后，欧盟加强了与土耳其的合作，非法移民数量大大减少。2019 年，经东地中海路线的入境人数比 2015 年减少了 90%，2020 年进一步下降。[3]

西地中海路线是通过摩洛哥和阿尔及利亚到达西班牙或者西班牙北部的休达和梅利利亚飞地的路线。2018 年，西地中海路线成为非法移民进入欧洲最常用的路线。由于摩洛哥加大打击非法移民力度、加强与西班牙之间的合作及新冠肺炎疫情的影响，2019 年和 2020 年，该路线的非法移民数开始稳步下降。

---

[1] C. Van Mol and de H. Valk, "Migration and Immigrants in Europe: A Historical and Demographic Perspective", in B. Garcés-Mascareñas and R. Penninx, eds. *Integration Processes and Policies in Europe*, New York: Springer Cham, 2016, p. 37.

[2] Adesina S. Olubukola, "Libya and African Migration to Europe", in Olayiwola Abegunrin and Sabella O. Abidde, *African Migrants and the Refugee Crisis*, Cham: Springer Nature Switzerland AG 2021, pp. 219-240.

[3] The Council of the EU and the European Council, "EU Migration Policy: Eastern Mediterranean Route", https://www.consilium.europa.eu/en/policies/eu-migration-policy/eastern-mediterranean-route/.

西非路线是通过摩洛哥、西撒哈拉、毛里塔尼亚、塞内加尔和冈比亚抵达大西洋的加那利群岛的路线。2006 年，超过 3.1 万名非法移民抵达加那利群岛。此后，非正常入境人数在 1500 人以下。2020 年入境人数急剧增加，超过 2 万人。[1]

中地中海路线指从利比亚或埃及出发，经地中海到达意大利的兰佩杜萨岛、潘泰莱里亚岛、西西里岛或马耳他的路线。如表 1 所示，2010 年该路线仅有 4500 人非法过境，而 2011 年剧增到 6.43 万人，到 2016 年更是突破 18 万人。自 2016 年 3 月欧盟与土耳其达成协议以来，抵达意大利的非法移民人数开始下降，2018 年，中地中海路线的非法移民人数总数下降了 80%，只有 2.35 万人。2019 年继续下降，有 1.4 万人，但是到 2020 年再度反弹，人数超过 3.5 万人。[2]

表 1 海上进入欧盟非法过境人数 （单位：人）

年份	西地中海路线	中地中海路线（包括普利亚和卡拉布里亚）	东地中海路线	西非路线
2008	6500	39 800	52 300	—
2009	6650	11 000	40 000	2240
2010	5000	4500	55 700	196
2011	8450	64 300	57 000	340
2012	6400	15 900	37 200	174

---

〔1〕 The Council of the EU and the European Council, "EU Migration Policy: Western Mediterranean and Western African Routes", https://www. consilium. europa. eu/en/policies/eu-migration-policy/western-routes/.

〔2〕 The Council of the EU and the European Council, "EU Migration Policy: Central Mediterranean Route", https://frontex. europa. eu/we - know/migratory - routes/central - mediterranean - route/.

年份	西地中海路线	中地中海路线（包括普利亚和卡拉布里亚）	东地中海路线	西非路线
2013	6800	40 000	24 800	283
2014	7243	170 664	50 834	276
2015	7004	153 946	885 386	874
2016	9990	181 376	182 277	671
2017	23 063	118 962	42 319	421
2018	57 034	23 485	56 561	1323
2019	23 969	14 003	83 333	2718
2020	17 228	35 673	20 283	23 029

资料来源：作者根据欧洲边境和海岸警卫队（European Border and Coast Guard Agency）（Frontex）网站公布的 2010 年至 2021 年年度风险分析报告（Annual Risk Analysis）整理而得。

在四条路线中，中地中海路线不仅是非法移民选择的最多线路之一，而且十分凶险。如表 2 所示，根据国际移民组织的失踪移民项目（IOM's Missing Migrants Project）数据，2015 年到 2017 年有超过 2000 人在中地中海死亡或者失踪。2014 年到 2016 年 5 月，估计有 9492 人死亡或失踪，其中，有 20 起事故产生的主要原因是船只超载，累计 6406 人死亡或失踪。

表 2　地中海路线死亡人数　　　　（单位：人）

年份	西地中海路线	中地中海路线	东地中海路线
2014	56	1714	46
2015	43	2584	71
2016	108	2718	383
2017	126	2257	45
2018	324	1119	106
2019	207	678	57
2020	113	378	76

资料来源：国际移民组织的失踪移民项目。

在中地中海路线中，利比亚处于枢纽位置，扮演着关键的角色。该国长期以来一直是逃离冲突和迫害或寻求摆脱极端贫困及无法获得经济、社会和文化权利的移民过境国和目的国；其毗邻南欧的地理位置和无政府的国内状况对于从事非法移民"事业"的人口贩子来说是一个非常理想的走私地；同时，作为意大利的原殖民地，利比亚对埃塞俄比亚和索马里的移民特别有吸引力。[1]

从历史上看，20 世纪 50 年代后期，利比亚发现石油后，吸引了来自中东、北非和撒哈拉以南非洲地区的大量移民工人来到该国。而萨赫勒地区的几次严重干旱和暴力冲突也引发了其他难民和移民流入利比亚（主要是尼日尔图阿雷格人和图布难民）。1995 年，利比亚只有不到 4 万名撒哈拉以南非洲人居住，但是到 2000 年，人数超过了 150 万人。不断增长的移民引起了卡扎菲政

---

〔1〕　Adesina S. Olubukola, "Libya and African Migration to Europe", in Olayiwola Abegunrin and Sabella O. Abidde, *African Migrants and the Refugee Crisis*, Cham：Springer Nature Switzerland AG 2021, p. 226.

权的不安，于是，利比亚出台了严格的移民法规。2010 年，政府通过了一项打击非法移民的法律。该法律允许无限期拘留、强迫劳动和驱逐利比亚领土上的"非法外国人"。利比亚还和欧洲进行了有限的合作，控制非法移民。[1]

2011 年，利比亚爆发内战，大量移民和利比亚人开始逃离利比亚。据不完全统计，这一年约有 80 万名移民以及 100 万利比亚人离开该国。其中，约有 26 万名移民抵达埃及，34.5 万人抵达突尼斯，3.6 万人返回孟加拉国，20.8 万人返回尼日利亚，也有大约 6.4 万名移民从利比亚抵达意大利和马耳他海岸。[2]

卡扎菲政权被推翻以后，利比亚新政权没有能够控制本国的局势。极端势力"伊斯兰国"乘虚而入，控制了利比亚的边界海岸，肆意从事人口贩卖、偷渡和绑架等犯罪活动。2014 年 5 月以后，利比亚政治极化加剧，第二次内战爆发，逐渐形成了两个对立的阵营。2015 年 12 月，各派在摩洛哥签署《利比亚政治协议》，组建了民族团结政府。

2016 年以后，随着"伊斯兰国"势力在利比亚失去控制地，以及救国政府的支持率不断降低，利比亚团结政府在形式上成为利比亚唯一的合法政府，利比亚各派政治力量基本分化成民族团结政府和国民代表大会两大权力中心东西对垒的格局。截至 2021 年 11 月，这种局面没有根本的变化。

利比亚这种事实处于无政府状态的情况无疑使得利比亚成为非法移民的天堂，也使得中地中海路线非法移民问题成为欧盟无法回避的一个毒瘤。

---

〔1〕 Adesina S. Olubukola, "Libya and African Migration to Europe", in Olayiwola Abegunrin and Sabella O. Abidde, *African Migrants and the Refugee Crisis*, Cham: Springer Nature Switzerland AG 2021, p. 228.

〔2〕 Burak Şakir Şeker, "Migration by Sea: Libya and the Eu's Approach", in Hasret Çomak, ed. *Refugees and International Problems*, London: Transnational Press London, 2021, p. 121.

二、欧盟应对中地中海路线非法移民的思路与对策

一般说来，欧盟针对非法移民治理的方式可以归纳为三大方面：一是创立一套法律体制与内部协调机制，以便统一各成员国在非法移民治理方面的政策立场，形成非法移民治理的合力；二是构建高效、统一的移民执法机制，主要以边界控制、雇主处罚、非法移民遣返以及司法与警务合作等为内核；三是形成一个有利的非法移民治理环境，将非法移民关系国（如非法移民来源国、中转国）纳入欧盟非法移民治理体系中来，以对外援助、边界控制外包等方式来达到治理目标。[1]

面对中地中海路线非法移民问题，欧盟从多个层面采取各种措施力图缓解甚至消除这一问题。

首先，欧盟根据其共同的既定法律框架，启动应对机制，修改相关条文，采取防范与封堵策略，力图将非法移民挡在边界之外。

欧盟（欧共体）从 1958 年开始，通过《罗马条约》《马斯特里赫特条约》《阿姆斯特丹条约》《尼斯条约》《里斯本条约》等条约确立了移民治理统一政策的宪法框架，而通过《申根协定》《都柏林公约》《边界公约》规定移民治理的具体规则，这些成为欧洲共同应对非法移民的法律基础。

面对新的移民浪潮和难民危机，欧盟开始谋求修改和完善相关法律法规。2015 年 5 月，欧盟委员会通过一项欧洲移民议程，为协调内外政策、有效应对移民问题作出规划。新议程明确了管控移民问题的四大支柱政策：从源头减少移民的非正常流入；加

---

〔1〕 陈积敏：《国际非法移民治理比较研究》，北京：中国社会科学出版社，2019 年版，第 206 页。

强边境管控，确保外部边境的安全；完善难民保护政策；评估和修订现有的移民政策。

2016 年 4 月，欧盟委员会着手修订以《都柏林协定》为核心内容的难民庇护政策。2020 年 9 月 23 日，欧盟委员会正式提出新版《移民与庇护公约》，希望建立起一套统一、平衡且高效的难民庇护和遣返机制。

与此同时，欧盟委员会也先后推出一揽子应对难民问题的方案。2015 年 5 月，欧盟提出应对非法移民挑战的数项具体建议，主要包括建立应急机制，在两年内向其他欧盟国家转移安置四万名非法入境意大利和希腊的难民。2015 年 9 月，欧洲委员会建议将 12 万名明确需要国际保护的人员重新安置到其他欧盟成员国，减轻受影响最大的欧盟成员国的压力。2016 年 10 月，为了帮助成员国应对难民潮，欧盟正式建立"欧盟边境与海岸警卫队"，在北约的协助下对欧盟南部的边境和地中海区域加紧开展巡逻和警戒行动。

其次，欧盟启动军事行动，在地中海展开搜救活动，打击地中海人口走私活动，遏制地中海偷渡浪潮，包括出动军舰在北非利比亚水域摧毁蛇头船只。

2013 年，意大利启动了"我们的海洋"行动（Mare Nostrum），其主要目的是运用海军力量展开搜救和威慑人口走私者。[1] 2014 年，欧洲边境管理局主导的"特里同行动"（Operation Triton）替代了"我们的海洋"行动。2018 年，"特里同行动"又被"忒弥斯行动"（Operation Themis）取代。该行动旨在支持意大利在地中海中部进行边境监视，防止外国恐怖主义战斗人员进入欧盟，同时继续负责地中海的搜救行动。

---

〔1〕 Niklas Nováky，"The Road to Sophia：Explaining the EU's Naval Operation in the Mediterranean"，*European View*，Vol. 17，Issue 2，2018，pp. 199-200.

2016 年 6 月，欧洲理事会决定在中部和南部地中海地区开始"索菲娅行动"，目的是通过军事行动对地中海中部和南部存在的移民走私行为进行打击，在国际法允许的范围内识别和摧毁移民走私蛇头的船只和资产，该行动于 2020 年 3 月结束。2020 年 3 月，欧盟又发起了"埃里尼行动"（Operation Irini）利用地中海地区的空中、海上及卫星资源，监督联合国对利比亚实施的武器禁运。

再次，欧盟通过与利比亚进行合作，共同治理非法移民问题。欧盟与利比亚的合作主要包括四个方面：海岸警卫队培训、保护和协助移民和难民、支持当地社区和改善边境管理。

2016 年 5 月开始，欧盟应利比亚民族团结政府的请求在"索菲娅行动"框架内与利比亚开展海岸警卫队的合作。

欧盟与利比亚的国际组织密切合作，提供人道主义援助并改善生活条件，使移民能够自愿返回家园，重新安置需要国际保护的移民和难民。2017 年 4 月，欧盟通过了价值 4800 万欧元的一揽子措施来改善移民的生活条件。

2018 年 3 月，欧盟通过了一项价值 5000 万欧元的计划，以改善利比亚及其收容社区的移民生活条件。2018 年 7 月，欧盟宣布启动一项价值 2900 万欧元的计划，用于在利比亚的滞留点、拘留中心、偏远的南部沙漠地区等地加强对难民和移民的保护。

为了改善利比亚的边境管理，2017 年 7 月，欧盟通过了一项 4200 万欧元的计划，以帮助利比亚边境和海岸警卫队更好地管理该国的边境。2018 年 12 月，欧盟又通过一项 4500 万欧元的计划，支持利比亚海岸警卫队的能力发展和机构建设，协助成立海上救援协调中心，促进利比亚南部综合边境管理能力的提高。[1]

---

〔1〕 The Council of the EU and the European Council, "EU Migration Policy: Central Mediterranean Route", https://www. consilium. europa. eu/en/policies/eu-migration-policy/central-mediterranean-route/.

最后，欧盟还同非洲国家密切合作，致力于从根本上解决非法移民问题。2015 年 11 月，欧盟与非洲国家领导人在马耳他首都瓦莱塔举行关于难民问题的欧非首脑峰会。在为期两天的峰会上，欧非双方首脑就加强合作、解决难民危机达成协议，并公布了政治宣言和行动计划。会议结束后，欧盟决定成立非洲紧急信托基金，该基金旨在促进非洲经济发展、增加当地就业和改善安全局势等，以应对引起地区不稳定、民众被迫迁徙和非法移民的根源问题。截至 2021 年 11 月，该项目已经投入资金超过 50 亿欧元。[1]

三、"索菲娅行动"：背景、进程与特点

在应对中地中海路线非法移民的诸多行动中，"索菲娅行动"扮演着重要的角色，它是欧盟第一次部署海军力量来执行具有一定强制力的危机管理行动。

（一）"索菲娅行动"实施的背景

2015 年 4 月 13—20 日，地中海先后发生于五起船难，五艘载着约 2000 名非法移民的船只先后翻覆沉没，合计有 1200 人死亡。这些惨剧震惊欧盟和国际社会，欧盟紧急协调和商讨应对之策。

2015 年 6 月 22 日，欧盟成员国外长在卢森堡开会，会议决定启动在地中海打击人口走私贩运的欧盟地中海海军行动计划。2015 年 8 月，欧盟地中海海军在利比亚外海拯救了人口走私的 454 名受害者，其中一名获救的妇女在一艘德国护卫舰石勒苏益格-荷尔斯泰因号上诞下一名婴儿，并将其命名为索菲娅。9 月

---

〔1〕 The European Union Emergency Trust Fund for Africa, "Our Mission", https://ec. europa. eu/trustfundforafrica/index_en.

24 日，欧盟外交事务和安全政策代表费德里卡·莫格里尼（Federica Mogherini）建议将欧盟地中海海军行动称之为"索菲娅行动"。

欧盟之所以启动"索菲娅行动"，主要是基于以下几点考虑。

首先，不断增长的非法移民问题对欧盟的安全造成了迫在眉睫的威胁。2014 年和 2015 年每年超过 15 万名非法移民从中地中海路线闯入欧洲，人数比 2013 年翻了两番，这给欧盟带来了巨大的压力。

其次，随着地中海移民死亡人数的增加，开展搜救工作和打击走私分子也开始提上日程。搜救工作一直是欧盟海上行动的重要任务之一。2013 年，意大利政府"我们的海"行动在第一年就救起了 15 万人。但很快偷渡组织者就将意大利方面的搜救船当作登陆欧洲的"免费渡轮"，这样，欧盟被迫调整政策，在继续实施搜救的同时将主要精力放在打击偷渡组织者，特别是摧毁利比亚海岸上可能用于偷渡的船只。[1]

最后，"4·18"地中海沉船事件成了启动"索菲娅行动"的重要催化剂。从 2015 年 4 月到 6 月，欧盟仅仅用了一个多月的时间就迅速决定启动应对计划，这在欧盟历史上是十分少见的。"4·18"海难之前，欧盟在应对难民危机问题上分歧严重。然而，这次海难之后，由于公众的强烈抗议，欧盟成员国面临采取行动应对危机的压力。因此，他们希望尽快开展行动，向国内选民表明他们正在为解决危机而努力。[2]

（二）"索菲娅行动"的计划与具体实施

根据欧盟公布的行动计划，"索菲娅行动"分为四个阶段。

---

〔1〕 唐恬波:《更为凶险的"中地中海路线"——北非移民危机与欧盟的事与愿违》，载《世界知识》，2016 年第 22 期，第 48 页。

〔2〕 Niklas Nováky，"The Road to Sophia：Explaining the EU's Naval Operation in the Mediterranean"，*European View*，2018，Vol. 17，Issue 2，2018，p. 205.

第一阶段是部署部队，全面评估走私活动和方法。通过信息收集和公海巡逻，为侦查和监测移民网络提供支持。

第二阶段是按照相关国际法规定的条件，在公海上对涉嫌偷运或贩运人口的船只进行登船搜查、实施扣押并强制改道。如果通过联合国安全理事会相关决议获得授权，或者经有关沿海国同意，该军事行动还可在领海内开展活动。

第三阶段是进一步扩大这项行动，根据联合国安全理事会相关决议或者经有关沿海国同意，并按照该决议规定的或经该沿海国同意的条件，对该国境内涉嫌偷运或贩运人口的船只及有关资产采取一切必要措施，包括予以处置或拆除。

第四阶段是最后阶段，包括撤军等一系列收尾行动。[1]

"索菲娅行动"第一阶段任务自 2015 年 6 月 22 日开始，2015 年 10 月结束。这一阶段成功地获得了移民信息以及其背后的影响因素，识别出一个以性剥削为目的的贩卖妇女和儿童的网络，对贩运者的网络、人员和其策略有了更深入的了解。不过在情报贡献方面，没有新的进展。[2]

2015 年 10 月，该行动进入第二阶段，欧盟海军开始在国际海域巡逻。2016 年 6 月 20 日，欧盟理事会将该军事行动的任务期限延长至 2017 年 7 月 27 日，并将授权范围扩大到协助在海上执法特别是防止偷运和贩运方面，对利比亚海岸警卫队和海军进行能力拓展和培训。[3]

2017 年 7 月 25 日，欧盟理事会将行动的任务期限延长至

---

〔1〕 EUNAVFOR MED operation Sophia, "About Us", https://www.operationsophia.eu/a-bout-us/.

〔2〕 UK House of Lords, "Operation Sophia, the EU's Naval Mission in the Mediterranean: An Impossible Challenge", https://publications.parliament.uk/pa/ld201516/ldselect/ldeucom/144/144.pdf.

〔3〕 联合国安理会：《秘书长根据安全理事会第 2240（2015）号决议提交的报告（S/2016/766）》，https://undocs.org/zh/S/2016/766。

2018 年 12 月 31 日，该行动再额外完成以下任务：设立受训人员监测机制，确保利比亚海岸警卫队培训的长期效率；提高与欧盟成员国执法机构、欧洲边境和海岸警卫队机构和欧洲刑警组织共享有关贩运人口信息的可能性；根据联合国安全理事会第 2146（2014）号和第 2362（2017）号决议，开展新的监督活动，收集有关从利比亚非法贩运石油出口的资料。[1]

2019 年 3 月，欧盟理事会决定将"索菲娅行动"的任务期限延长至 2019 年 9 月 30 日，但暂停部署其海军资产。[2]

2019 年 9 月，欧盟理事会决定将"索菲娅行动"的任务期限延长至 2020 年 3 月 31 日。2020 年 2 月 17 日，欧盟外交事务委员会达成协议，于 2020 年 3 月结束欧盟海军地中海"索菲娅行动"，并在地中海推出新的共同安全和防卫政策行动，主要目标是协助执行联合国安全理事会对利比亚实施的武器禁运。[3] 2020 年 3 月 31 日，"索菲娅行动"正式结束。

"索菲娅行动"具体实施的船只数量和资产在不同时期略有不同。行动初期，欧盟部署了 4 艘舰艇（意大利旗舰加富尔、两艘德国和 1 艘英国舰艇）和 5 架航空资产（1 架法国、1 架卢森堡飞机、2 架意大利和 1 架英国直升机）。

2015 年 10 月第二阶段开始后，行动增加到 5 个水面海军部队和 6 个空中资产。2016 年 9 月，"索菲娅行动"执行的海军力量包括 7 艘舰艇（1 艘意大利轻型航空母舰、1 艘英国驱逐舰、1 艘德国辅助舰、1 艘英国调查船、1 艘西班牙护卫舰、1 艘德国猎雷舰、1 艘法国护卫舰）、4 架直升机（意大利 2 架、西班牙和英国

---

〔1〕 联合国安理会:《秘书长根据安全理事会第 2312(2016)号决议提交的报告(S/2017/761)》,https://undocs.org/pdf? symbol=zh/S/2017/761。

〔2〕 联合国安理会:《安全理事会第 2437(2018)号决议的执行情况(S/2019/711)》,https://undocs.org/zh/S/2019/711。

〔3〕 联合国安理会:《安全理事会第 2491(2019)号决议的执行情况(S/2020/275)》,https://undocs.org/zh/S/2020/275。

各 1 架) 和 3 个航空资产 (卢森堡、西班牙和法国各 1 个)。[1]

2019 年 9 月 30 日, 欧盟海军地中海 "索菲娅行动" 暂停部署其海军资产, 仅有 7 架飞机或航空资产参与行动。[2] 该行动的最初的年预算约为 1182 万欧元, 由会员国提供资金。表 3 是在不同时期 "索菲娅行动" 的军事部署和开支。

表 3 "索菲娅行动" 布置的军事力量和开支表

日期	海军资产 (艘)	空军资产 (架)	直升机 (架)	地面单位(个)	开支 (万欧元)
2015 年 5 月 18 日—2016 年 7 月 27 日	3	3	4	9	1182
2016 年 7 月 28 日—2017 年 7 月 27 日	7	3	4	0	670
2017 年 7 月 28 日—2018 年 12 月 31 日	0	5	2	4	600
2019 年 1 月 1 日—2019 年 3 月 31 日	2	6	2	0	110
2019 年 4 月 1 日—2016 年 9 月 30 日	0	6	—	0	280
2019 年 10 月 1 日—2020 年 3 月 31 日	0	7	0	0	310

资料来源: 欧盟理事会网站、欧洲 "索菲娅行动" 网站及相关学术论文[3]。

---

〔1〕 Council of the European Union, "European Union Naval Force-Mediterranean Operation Sophia", https://eeas. europa. eu/archives/docs/csdp/missions-and-operations/eunavfor-med/pdf/factsheet_eunavfor_med_en. pdf.

〔2〕 EUNAVFOR MED Operation Sophia, "Mission at a Glance", https://www. operation-sophia. eu/mission-at-a-glance/.

〔3〕 Fernanda Sezar Pereira, "Operation Sophia: A Critical Evaluation Operation Sophia: A Critical Evaluation", https://is. muni. cz/th/x8axi/Bachelor_s_Thesis-Operation_Sophia_A_Critical_Evaluation. pdf.

　　欧盟"索菲娅行动"的核心目标是通过系统性的工作，识别、捕获和处置非法走私者或贩运者的船只，以及破坏在地中海的非法贩运和非法人口走私的商业网，防止无辜的生命遭受非法行为的威胁。根据联合国秘书长的报告，"索菲娅行动"自 2015 年 6 月到 2019 年 9 月，共处置了 551 艘船只、逮捕了 151 名偷运移民者，在地中海中部救援了 4.9 万人。[1]

　　2016 年 5 月 23 日，欧盟理事会应利比亚民族团结政府的请求开展工作，与其结成伙伴关系，采取全面措施治理移民问题，包括努力打击偷运者和贩运者，向利比亚海岸警卫队和海军提供能力建设和培训。8 月 23 日，欧盟索菲娅行动与利比亚海岸警卫和港口安全局签署了关于培训海岸警卫队和海军的谅解备忘录。[2] 不久，欧盟索菲娅行动在希腊、意大利、马耳他和西班牙及欧盟、联合国难民署、国际移民组织、联利支助团和非政府组织的支持下协调相关工作并为利比亚军事人员提供培训，使得利比亚海岸警卫队和海军的能力不断增强。[3] 2016 年年底到 2020 年 1 月 15 日，"索菲娅行动"培训了 477 名利比亚军事人员，包括 265 名海岸警卫队人员和 212 名海军军官。[4]

　　2019 年 9 月 1 日至 2020 年 2 月 29 日，利比亚海岸警卫队和海军在利比亚搜救区域内执行了大约 65% 的救援和拦截行动。2019 年 12 月，作为压力适应培训课程的一部分，"索菲娅行动"首次在海上进行模拟，以使利比亚海岸警卫队和海军为某些行动

---

〔1〕　联合国安理会:《安全理事会第 2437(2018)号决议的执行情况(S/2019/711)》,https://undocs.org/zh/S/2019/711。

〔2〕　联合国安理会:《秘书长根据安全理事会第 2240(2015)号决议提交的报告(S/2016/766)》,https://undocs.org/zh/ S/2016/766。

〔3〕　联合国安理会:《秘书长根据安全理事会第 2380(2017)号决议的执行情况(S/2018/807)》,https://undocs.org/zh/ S/2018/807。

〔4〕　联合国安理会:《安全理事会第 2491(2019)号决议的执行情况秘书长的报告(S/2020/275)》,https://undocs.org/zh/ S/2020/275。

和战术活动（例如搜救行动和瓦解偷运移民行动）的复杂性和敏感性做好准备。[1]

（三）"索菲娅行动"的特点及评价

首先，"索菲娅行动"是欧盟正式推出《欧盟海洋安全战略》（European Union Maritime Security Strategy）后的一项重要行动。

长期以来，欧盟十分重视运用海军力量来应对外部威胁。早在 2003 年，欧盟就将有组织犯罪列为对欧盟构成的五个主要威胁之一。2010 年，《欧盟内部安全战略：迈向欧洲安全模式》也将有组织犯罪确定为欧盟内部安全的第二大威胁，并将人口贩运描述为欧盟面临的主要犯罪相关威胁之一。

2012 年 4 月，欧盟通过《欧盟海上安全行动概念》（EU Maritime Security Operations Concept）。该文件指出，参与共同安全与国防政策行动的成员国海上力量可以执行全球海洋领域的监控、海洋保护、海上拦截与控制、海上反恐、防止大规模杀伤性武器扩散和海事执法五项核心任务及海上存在、海事安全部门改革和岸上活动支持三项附加任务。欧盟授权海上力量在特定区域内登上和检查可疑船只并根据需要实施海上禁运，通过特定手段与欧盟其他行为体开展密切合作，预防、发现、阻止和破坏恐怖活动和大规模杀伤性武器的扩散，并保护欧盟公民和利益免受这些海上犯罪活动的影响。

2014 年 6 月，欧盟理事会正式通过《欧盟海洋安全战略》，该战略指出，跨境和有组织犯罪（包括海盗和海上武装抢劫、贩运人口和偷运移民、为非法移民提供便利的有组织犯罪网络、贩运武器和毒品、走私货物等）是损害欧盟及成员国战略利益、危害欧洲民众安全的海洋危险和威胁。为了应对威胁，欧盟作为一

---

[1] 联合国安理会：《安全理事会第 2491（2019）号决议的执行情况秘书长的报告（S/2020/275）》，https://undocs.org/zh/ S/2020/275。

个全球安全提供者可以采取外部行动，与国际组织、区域组织和第三国采取协调一致的方法处理海洋安全问题；强化海洋意识、促进监控和信息共享；推进跨部门、跨边界的海洋事务合作；加强冲突预防和危机响应能力等，[1] 而"索菲娅行动"是该战略推出后，欧盟落实该战略和检验欧盟海洋安全治理能力的一次重要行动。

其次，与欧盟多个行动相比，"索菲娅行动"有着自己独特的"风格"。它是欧盟第一次在地中海地区派遣海军来应对移民和难民危机，在很大程度上也是欧盟共同外交与安全政策方面的一个重要转变。

2008 年 12 月，为了有效打击索马里海盗，保障印度洋海上运输线，欧盟发起了"阿塔兰特行动"（Operation Atalanta），这是欧盟首次运用军事力量应对民事危机。在欧盟"阿尔泰亚行动"（EUFOR Althea）、欧盟尼日尔军事能力建设行动（EUCAP SAHEL Niger）、欧盟马里军事训练行动（EUTM Mali）等行动中也有涉及移民问题的内容，但是明确地提出在地中海区域识别、捕获和处置走私者或贩运者使用或怀疑使用的船只和资产，"索菲娅行动"是第一次。

"索菲娅行动"初期行动限于欧盟边界内部，随后开始扩展到公海，并且计划在获得联合国安理会授权或者获得第三国同意的情况下在第三国的领海内执行任务。这意味在欧盟在应对危机的时候，不再仅仅考虑其内部的安全，而是试图突破欧盟边界，通过介入可能引起危机的外部环境来消除危机，将欧盟内部安全与外部安全结合起来统一考虑。这在欧盟的历史上是第一次。

"索菲娅行动"进一步强化了海军力量在应对外部威胁的作

---

[1] Council of the European Union, "European Union Maritime Security Strategy", https://data. consilium. europa. eu/doc/document/ST%2011205%202014%20INIT/EN/pdf.

用，具有明确的强制性授权和未经其同意在主权国家领土上部署手段的可能性（经过联合国安理会决议授权）。虽然欧盟迄今为止遵循其在共同外交与安全行动中的同意、有限使用强制手段和相对公正的危机管理原则，但是"索菲娅行动"的任务表明，欧盟有可能超越这些原则，发起类似维持和平的行动。就其本身而言，这意味着欧盟安全和防御态势的质变。[1]

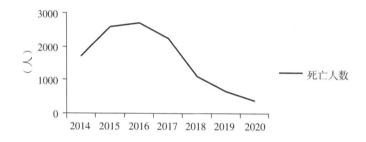

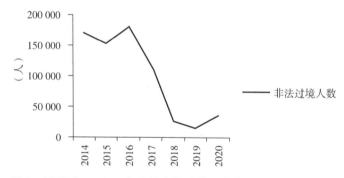

图 1　2015 年—2020 年中地中海路线死亡人数和非法过境人数

资料来源：作者根据欧洲边境和海岸警卫队（European Border and Coast Guard Agency）（Frontex）网站公布的 2010 年至 2021 年年度风险分析报告（Annual Risk Analysis）及国际移民组织的失踪移民项目数据整理而得。

---

〔1〕 Thierry Tardy, "Operation Sophia Tackling the Refugee Crisis with Militarymeans", https://www.iss.europa.eu/sites/default/files/EUISSFiles/Brief_30_Operation_Sophia.pdf.

最后，"索菲娅行动"并没有完成其既定的全部目标，仅仅取得了有限的成功。

索菲娅行动在一定程度上遏止了中地中海路线的非法移民的人数。如图1所示，2015年到2020年，中地中海路线在该项目执行期间，过境人数和死亡人数明显下降。

"索菲娅行动"在改善地中海中部的整体海上安全方面发挥了关键作用。该行动的任务广泛，阻止人口贩运和武器走私，为地中海提供了一定的安全保障。由于"索菲娅行动"在地中海中部的实行，走私者在国际水域活动的能力显著下降，其行动大部分仅限于利比亚领海。[1]

与此同时，"索菲娅行动"并没有完全实现既定目标，有些措施反而适得其反。"索菲娅行动"最初的设计共分为四个阶段，但是由于联合国安理会内部的分歧及利比亚政府的两极化，欧盟没有能够按照预期进入利比亚海域直接执行任务，最后两个阶段任务并未实现。

破坏走私船、扣押走私人员还使得非法移民风险更大。走私分子为了牟利，可能更多使用充气橡皮艇，这些船承载能力较低，受海况限制更大，有可能造成更多人在海上丧生。[2] 另外，尽管中地中海路线非法过境人数在2018年和2019年显著下降，但是，如图2所示，这样的效果是以其他线路的增加为代价取得的。

---

〔1〕 Council of the European Union,"Strategic Review on EUNAVFOR MED Operation Sophia, EUBAM Libya & EU Liaison and Planning Cell Brussels",https://www. statewatch. org/media/documents/news/2018/aug/eu-sophia-libya-overview-11471-18. pdf.

〔2〕 UK House of Lords," Operation Sophia, the EU's Naval Mission in the Mediterranean: An Impossible Challenge ", https://publications. parliament. uk/pa/ld201516/ldselect/ldeucom/144/144. pdf.

地中海路线非法过境人数

图 2　2014 年—2020 年地中海路线非法过境人数

资料来源:作者根据欧洲边境和海岸警卫队(European Border and Coast Guard Agency)(Frontex)网站公布的 2010 年至 2021 年年度风险分析报告(Annual Risk Analysis)及国际移民组织的失踪移民项目数据整理而得。

四、中地中海路线非法移民治理的前景

根据欧洲边境和海岸警卫局的统计,2020 年欧洲外部边界的非法过境人数只有 141 846 人,与 2015 年最高峰的 180 万人相比,下降了 92%。中地中海路线非法过境人数有 35 673 人,与 2016 年最高峰时的 181 376 人相比,也下降了 80%。[1]就数据统计来看,包括中地中海路线在内的欧洲非法移民问题已经大大缓解。

那么,在可预见的将来,中地中海路线非法移民问题能否进一步缓解甚至得到彻底解决呢?

解决中地中海路线非法移民问题取决两个方面:一方面是北

---

〔1〕 Frontex, "Risk Analysis for 2020", https://frontex. europa. eu/assets/Publications/Risk_Analysis/Risk_Analysis/Annual_Risk_Analysis_2020. pdf; Frontex, " Risk Analysis for 2021", https://frontex. europa. eu/assets/Publications/Risk _Analysis/Risk _Analysis/Risk _Analysis_2021. pdf.

非国家尤其是利比亚能否实现稳定，控制移民的外溢；另一方面是欧洲整体的移民政策和打击非法移民的力度。

中地中海路线的核心国家是利比亚。由于历史和现实的原因，利比亚不仅是非法移民的输出国，也是其他国家非法移民的过境国。从历史上看，尽管利比亚曾经和欧洲合作共同打击过非法移民问题，但该问题从未彻底解决。当前，利比亚虽然成立了临时政府，但国内武装派别林立，中央政府虚弱无力，无法提供包括安全在内的公共产品的状态没有根本改变。

走私在利比亚有着悠久的历史。2013年以来，利比亚偷运和贩运移民、难民和寻求庇护者的情况大幅增加。许多武装组织甚至国家安全部门人员参与贩卖、组织偷渡非法移民，以获取可观的经济收入。例如，乘坐橡皮船从利比亚偷渡至欧洲的单人票价为1000欧元，乘坐木船的票价根据船只大小和实载人数从1500欧元至3000欧元不等。每艘橡皮船载荷约120人，组织偷渡的犯罪团伙从每艘橡皮船上的违法获利高达12万欧元。如果使用载荷400人的木船，犯罪团伙从每艘船获利60万到120万欧元不等。[1]

2016年，利比亚的人口走私收入约为9.78亿美元，大约相当于利比亚2015年国内生产总值的3.4%。[2] 2020年，非法移民问题有所缓解，但仍然有11 891名移民被拦截，而有28 162人试图离开利比亚。[3]由此可预见，该问题解决绝非一日之功。

解决地中海中线非法移民的另一把钥匙是欧盟的移民政策和

〔1〕 联合国安理会：《秘书长根据安全理事会第2312(2016)号决议提交的报告(S/2017/761)》,https://undocs.org/pdf? symbol=zh/S/2017/761。

〔2〕 Tim Eaton,"Libya's War Economy：Predation,Profiteering and State Weakness",https://www.chathamhouse.org/sites/default/files/publications/research/2018-04-12-libyas-war-economy-eaton-final.pdf.

〔3〕 联合国安理会：《联合国安全理事会第1973(2011)号决议所设利比亚问题专家小组的最后报告(S/2021/229)》,https://undocs.org/zh/S/2021/229。

欧盟打击非法移民的力度。尽管一些国家接收了大量政治难民，但是与美国和加拿大相比，欧洲作为移民输入地的时间不长，并且很多国家并没有、甚至是排斥将本国视为一个移民输入国。[1]近年来，许多欧洲国家尤其是南欧国家经济增长乏力，国内就业人数低迷和失业率居高不下，民族主义甚至是极端主义思潮泛起，这使得欧盟内部移民政策更加保守。

2020 年，欧盟委员会正式推出新版《移民与庇护公约》草案，旨在以整体思路综合应对难民和非法移民问题，加快难民申请处理和安置速度，平衡成员国在难民接收问题上的权利和义务。但是该公约提出的改革方案仍然局限在难民问题本身，而不是对欧盟移民和难民政策进行全面改革。[2]

此外，由于欧盟内部分歧不断，其打击非法移民的力度很多情况下都会大打折扣。以欧盟海军地中海"埃里尼行动"为例，该行动于 2020 年 3 月 31 日启动，原定 2023 年 3 月 31 日结束。由于认为本国在欧盟内部承受过多接纳非法移民的压力，该行动的参与国之一的马耳他在行动开始不久就选择了退出。[3]作为"索菲娅行动"的替代者，"埃里尼行动"的主要任务不是瓦解地中海中部区域人口偷运和人口贩运网络的商业模式，或对利比亚海岸警卫队和海军进行能力建设和培训，而是执行武器禁运，这样的安排会削弱欧盟打击非法移民的效果。[4]

自人类社会产生以来，迁徙是人类的基本特征。随着全球化

〔1〕 陈积敏：《欧盟非法移民的现状与趋势》，载《国际研究参考》，2016 年第 11 期，第 35 页。

〔2〕 张朋辉：《欧盟寻求综合改革难民接收体系》，载《人民日报》，2021 年 1 月 26 日，第 17 版。

〔3〕 杜鹃：《欧盟地中海行动"出师"不久遇阻》，https://www.sohu.com/a/394776871_267106。

〔4〕 Marius Pricopi, "The Military Operation Eunavfor Med Irini-A Downscale of the EU's Involvement in the Migration Crisis", *Land Forces Academy Review*, Vol. XXV, No. 4, 2020, pp. 302-306.

在世界范围内的推进，人口的跨国迁移越来越成为一种不可逆转的趋势。然而，国际移民的分布并不均衡，地中海地区是移民和寻求庇护者问题备受关注的地区之一。

2015年以来，地中海沿岸国家经历了一场非法移民危机，而中地中海路线也成了国际社会关注的焦点。经过欧盟和相关国家的共同努力，中地中海路线非法移民问题已经得到缓解。但是，该问题产生的根源没有消除，影响的重要因素没有根本变化。在可预见的将来，该问题将继续困扰欧盟，在特定的情况下还有可能恶化。

君士坦丁新都建设中的"罗马记忆"

陶万勇　上海师范大学世界史系博士研究生

李　腊　安徽农业大学外国语学院讲师，世界史学博士

内容摘要：回顾公元 4 世纪的罗马帝国，君士坦丁堡的建成算是一件划时代的历史大事，原因是它深刻转变罗马帝国命运走向。早在君士坦丁堡建成之前，罗马帝国的皇帝们已经在另觅适合建都的城市以取代帝国的首都——罗马，但大多数都以失败告终，唯独君士坦丁取得成功。他独具慧眼，选拜占庭为新都地址，以罗马为建设模板，建成当时罗马帝国最为豪华、壮观的城市，并亲切地称其为君士坦丁堡。作为新都，君士坦丁堡既新也不"新"，新是因为它的建筑都是新建的；不"新"是因为它的方方面面都透露出对罗马的模仿，故又被称作新罗马。笔者将这种建都模式概括为君士坦丁在新都建设中对已知的"罗马记忆"进行的一次大胆还原。笔者认为"罗马记忆"指的是在罗马不断衰落、破败之际，帝国臣民对曾经

壮观、豪华、奢侈的罗马表现出的怀念与向往，君士坦丁深受其影响，他努力把新都建设成为辉煌阔气的新罗马，以向世人展示罗马帝国曾经拥有过的繁华与伟大。本文拟从选址、规划、建筑、管理等方面探讨君士坦丁如何在新都建设中展示 "罗马记忆"。

关键词： 罗马　君士坦丁堡　君士坦丁　城市

从公元 3 世纪初开始，罗马帝国逐步从神坛走向深渊，文明战争、蛮族入侵、宗教危机[1]、瘟疫蔓延等持续侵蚀帝国实力；在此过程中，素有 "世界之都"（Caput Mundi）美称的罗马褪去昔日荣光，变得颓废、破败，阿诺德·休·马丁·琼斯（Arnold Hugh Martin Jones）评价为 "从戴克里先（Diocletian）上位开始，罗马事实上就不再是帝国首都，并且直至帝国灭亡它再也没成为过首都，它的重要性甚至不如一个较大教区的首府。"[2] 由此可见，罗马的衰落是有目共睹且不可逆转的。戴克里先及其他罗马皇帝曾为巩固统治而选择过其他城市作为帝国首都，[3] 但最后都以失败告终，因为他们所选的城市都不足以支撑帝国的荣光。直到君士坦丁（Constantine）成为皇帝，罗马帝国才迎来新的转机，他成功建立新都并一度恢复帝国的荣光。[4] 出生行伍之家

---

〔1〕　A. A. 瓦西列夫著，徐家玲译：《拜占庭帝国史》，上海：商务印书馆，2019 年版，第 70 页。

〔2〕　Arnold Hugh Martin Jones, *The Later Roman Empire 284 – 602: A Social Economic and Administrative Survey*, Volume II, New Jersey：Basil Blackwell, 1964, p. 687.

〔3〕　在戴克里先统治时期，罗马帝国开始实施四帝共治(Tetrarchy)制度，帝国被划分为东西两部分，每个部分设置一名奥古斯都和一名恺撒；四位君主的治所都不在罗马，而是选在靠近边境的四座城市：尼科米底亚(Nicomedia)、塞尔曼(Sirmium，今斯雷姆斯卡米特罗维察)、米奥拉南(Mediolanum，今米兰)、奥古斯塔·特里沃鲁姆(Augusta Treverorum，今特里尔)；罗马沦落为帝国名义上的首都。参见 John Drinkwater, "Maximinus to Diocletian and the 'Crisis'" in Alan Keir Bowman, Peter Garnsey and Averil Cameron, eds. *The Cambridge Ancient History*, 2nd ed. Volume XII: *The Crisis of Empire*, A. D. 193–337, Cambridge：Cambridge University Press, 2008, pp. 58, 64.

〔4〕　同〔1〕，第 72 页。

的君士坦丁身处罗马帝国风云变幻的政局旋涡之中，他在打败竞争对手李锡尼（Licinius）后，同样面临着如何将罗马帝国解救于困局之中的严峻命题，他学习之前的几位帝国皇帝，也想通过建立新都使帝国从根本上转危为安。君士坦丁把目光投向了东方，笔者认为这与君士坦丁早年的经历有关。君士坦丁被封为恺撒之前曾作为人质在戴克里先的管辖区服务，因在对埃及和波斯的战争中表现勇猛而受到戴克里先的器重及所属部队将士的爱戴，[1]当时戴克里先的管辖区囊括帝国东部领土，君士坦丁得以在那段时间加深对东方的印象。经过细致认真地筛选，君士坦丁最终决定在拜占庭建造新都，他为新都倾注大量精力，把记忆中繁华的罗马完完整整地"照搬"到新都，新都的规划布局、建筑、管理等无不折射出强烈的罗马风格，因而他形象地称之为"新罗马"，[2]并冠之以自己的名字——"君士坦丁堡"。

一、为恢复帝国荣光而选址

君士坦丁堡的伟大与壮观有目共睹，它的荣光并非上帝赐予，而由君士坦丁大帝造就。在新都建设前，君士坦丁并非一开始就考虑在拜占庭建都，而是经过反复对比与慎重考虑才作此决定。他考虑的建都条件有很多，最根本的一点是新都必须有助于

　[1]　Edward Gibbon,*The History of the Decline and Fall of the Roman Empire*, Volume I,London: Penguin Classics,1995,pp. 385,404.

　[2]　Demetrius John Georgacas,"The Names of Constantinople",*Transactions and Proceeding of the American Philological Association*,Vol. 78,1947,p. 354.

帝国对东方的统治、能管控从多瑙河至塔内斯（Tanais）[1] 地区的蛮族军队、能让他的帝国和宗教[2]一直繁荣下去。君士坦丁考虑建都的第一座城市是尼科米底亚[3]，原因是戴克里先曾在该城建过自己的行宫，并把军事大本营设在这里，但之后君士坦丁放弃了这项计划，笔者认为一方面可能与戴克里先有关，因为他曾大肆迫害基督教徒，[4] 这导致基督教的捍卫者们对他相当不满，君士坦丁不可能顶着冒犯基督教徒的风险去选择一座他们所痛恨的君主曾经常驻的城市作为建都地点；[5] 另一方面可能与尼科米底亚有关，它虽是沿海城市，但军事和商业价值都不高，既无易守难攻之势（它曾是早期罗马帝国海军指挥部驻地之一，却在公元256年惨遭哥特军队的洗劫），又无交通要塞之实

〔1〕 塔内斯位于顿河（Don River）支流默特伊·顿涅茨河（Mertvyi Donets）右岸，它是一座古希腊殖民城市，始建于公元前3世纪，建成后不久发展成顿河下游主要的商业中心及希腊罗马世界与亚速海（Sea of Azov）北部地区的主要交流媒介；约在公元3世纪40年代，哥特部落侵占该城并不断越过这里劫掠罗马帝国。参见 Richard Stillwell，William Lloyd MacDonald and Marian Holland McAllister，eds. *The Princeton Encyclopedia of Classical Sites*，Princeton，New Jersey：Princeton University Press，1976，p. 877。

〔2〕 这里的宗教指的是基督教。参见 Edward Gibbon，*The History of the Decline and Fall of the Roman Empire*，Volume I，London：Penguin Classics，1776，pp. 585~586。

〔3〕 尼科米底亚（现名伊兹米特）位于土耳其尼科米底亚湾（Gulf of Nicomedia）最东部，它是一座古希腊殖民城市，始建于约公元前712年，当时名叫"奥尔比亚"（Olbia）；在公元前264年，比提尼亚（Bithynia）国王尼科美德斯一世（Nicomedes I）重建了这座城市并将它改名为"尼科米底亚"；进入罗马帝国时代，它成为比提尼亚省的首府，并且是小亚细亚西北部最重要的城市之一及帝国海军指挥部驻地之一，曾于公元256年遭哥特军队洗劫；进入四帝共治（Tetrarchy）时代，它被戴克里先选为帝国东都并取得重大发展，但在君士坦丁堡建立后及经过四五世纪之交一系列地震的破坏，它的重要性急剧下降。参见 Richard Stillwell，William Lloyd MacDonald and Marian Holland McAllister，eds. *The Princeton Encyclopedia of Classical Sites*，Princeton：Princeton University Press，1976，p. 623。

〔4〕 尤西比乌斯对戴克里先残忍迫害基督教徒的行为表示非常不满并作出过严厉批评，他将迫害行为比喻为内战。参见 Eusebius，*Life of Constantine*，trans. by Averil Cameron and Stuart G. Hall，Oxford：Clarendon Press，1999，p. 112。

〔5〕 Edward Gibbon，*The History of the Decline and Fall of the Roman Empire*，Volume I，London：Penguin Classics，1776，p. 586。

（它的商贸地位远不如亚历山大里亚、特洛伊（Troy）[1]、拜占庭等城）。在将尼科米底亚排除在建都计划以外后，君士坦丁一度想将新都的位置定在赫勒斯滂（Hellespont）海峡东南海岸的特洛伊，他曾亲自来到该城为新都划定疆界，但在特洛伊城门竣工时他放弃了继续建设。[2] 笔者认为君士坦丁之所以这么做，是因为他发现地理位置更优越、更适合建都的拜占庭。拜占庭占据得天独厚的地理位置，具有极高的军事战略和商业贸易价值，希腊历史学家波利比乌斯（Polybius）曾评价道，"没有拜占庭居民的许可，任何一只商船也不可能进入或离开黑海，因此，拜占庭人控制黑海沿岸所有那些不可缺少的产品"[3]；吉本评价道，"拜占庭是大自然的鬼斧神工，具备成为伟大君主的首都的一切特质。"[4]

拜占庭呈现不规则的三角形："钝头"指向亚洲且与之隔着博斯普鲁斯（Bosphorus）海峡、北侧是纵深 11.3 千米的金角湾（Golden Horn）、南侧是普罗庞提斯海（Propontis）[5]，西侧是广

---

〔1〕 特洛伊是英雄埃涅阿斯（Aeneas）所在的城市，在罗马人的传说中，埃涅阿斯在特洛伊战败后，率领众人历经艰难来到台伯河口，帮助罗马国家奠基，因而在罗马人的心中，埃涅阿斯是他们的祖先，特洛伊是他们的故乡。参见 S. E. Stout，"How Vergil Established for Aeneas a Legal Claim to a Home and a Throne in Italy"，*The Classical Journal*，Vol. 20，No. 3，1924，pp. 152-160。

〔2〕 公元 5 世纪基督教作家索佐门（Sozomen）曾记载称"在特洛伊城门竣工之际，上帝在一天夜里向君士坦丁托梦，要他为自己的首都另选城址，君士坦丁这才选择在拜占庭建立新都"。参见 Philip Schaff，Henry Wace，eds. *Socrates and Sozomenus Ecclesiastical Histories*，Grand Rapids，Michigan：WM. B. Eerdmans Publishing Company，1890，p. 573。笔者认为应理性地看待这种说法，实际情况应该是君士坦丁经过反复对比才最终选择了拜占庭，据瓦西列夫记载，决定在拜占庭建立新都前，君士坦丁还考虑过除尼科米底亚、特洛伊以外的其他城市，如伊苏斯（Issus）、萨迪卡（Serdica）、塞萨洛尼卡（Thessalonica）、亚历山大里亚（Alexandria）。参见 A. A. 瓦西列夫著，徐家玲译：《拜占庭帝国史》，上海：商务印书馆，2019 年版，第 95 页。

〔3〕 Polybius，*The Histories*，Volume II，trans. by Willian Roger Paton，London：William Heinemann Ltd.，1979，pp. 393-394.

〔4〕 Edward Gibbon，*The History of the Decline and Fall of the Roman Empire*，Volume I，London：Penguin Classics，1776，p. 591.

〔5〕 普罗庞提斯海指今天的马尔马拉海（Sea of Marmara），为了尊重原著且避免混淆，下文在涉及这片海域时都会使用"普罗庞提斯海"的称号。

阔的欧洲大陆;吉本从三个方面赞扬拜占庭优越的地理位置,一是金角湾宽457千米的出海口可安置一条铁索,以阻挡来犯的海上敌军;二是博斯普鲁斯海峡上的焦岩可用于建设城堡,以配合海军呈拱卫拜占庭之势;三是他批评了拜占庭对岸的卡尔西顿的建设者没有眼光,没有意识到对岸拜占庭得天独厚的地理位置。[1] 在有关拜占庭是否适合建都的问题上,笔者认为吉本的答案是肯定的,他从六个方面详细论述拜占庭适合建都的原因,总结起来就是易守难攻[2]、气候宜居、土地肥沃、港口安全且宽阔、商品集散地、自给自足[3]。毫无疑问,拜占庭占据的地理位置优势足以使其他城市黯然失色,但笔者认为这只是君士坦丁考虑在此建都的重要原因之一,另一个重要原因极有可能与他的信仰有关。君士坦丁上位后,信仰逐步向基督教转变,他实施一系列宗教宽容政策,如赦免受迫害的神职人员、捐赠给教会大量钱物、豁免他们一切可能影响宗教义务的职务。公元313年2月,君士坦丁和李锡尼在米兰会面,双方同意对一切宗教(包括基督教)采取宽容态度,并将没收的基督教财产归还给教会。[4]

---

〔1〕 这个故事起源于公元前5世纪希腊历史学家希罗多德(Herodotus)的记载,他称"波斯将军迈加比左斯(Magabazus)在到达拜占庭时,称卡尔西顿的居民都是盲人,因为他们在为自己的城市选择城址时,选择了两个之间较差的一个,却忽视了后来拜占庭奠基于其上的那个较好的地点"。参见 Herodotus, *Histories*, Books III and IV, trans. by Alfred Denis Godley, William Heinemann, Cambridge: Cambridge University Press, 1928, p. 345。

〔2〕 后来的历史证明,"易守难攻"的特征在君士坦丁堡遭受外敌围攻时发挥了巨大的作用,多次使其转危为安,而作为帝国西都的罗马就不具备这种条件了,雅各布·布克哈特(Jacob Burckhardt)认为这是罗马在古代晚期过早灭亡而君士坦丁堡持续得更久远的重要原因。参见 Jacob Burckhardt, *The Age of Constantine the Great*, trans. by Moses Hadas, London: Routledge & Kegan Paul Ltd. , 1948, p. 219。

〔3〕 "自给自足"的含义是即使在拜占庭君主为了抵抗敌军而关闭博斯普鲁斯海峡、赫勒斯滂海峡及西部进城通道的情况下,拜占庭依然能获得充足的补给,如来自色雷斯大陆海岸的丰富的葡萄和粮食、普罗庞提斯海的无穷无尽的海鱼等。参见 Edward Gibbon, *The History of the Decline and Fall of the Roman Empire*, Volume I, London: Penguin Classics, 1776, p. 592。

〔4〕 同〔2〕,p. 296。

基督教[1]于公元 1 世纪兴起于罗马帝国东部，在早期因受到官方的打压与排挤而发展缓慢，它在帝国东部发展的程度一直都远超过西部（包括意大利），笔者认为在君士坦丁统治时期，基督教会的中心在小亚细亚。德国神学家阿道夫·哈纳克（Adolph Harnack）评价道："公元 4 世纪初，小亚细亚地区几乎完全基督教化了。"[2] 笔者认为这促使君士坦丁在东方城市中选择建都地址，因为他渴望建设一座与盛行异教[3]的罗马相媲美的独信基督教的帝国新都，在这个愿望的驱使下，地理位置极佳而受异教影响较弱的拜占庭引起他极大的关注。[4] 公元 324 年，君士坦丁在拜占庭海峡（博斯普鲁斯海峡）的亚洲海岸城市克利索波利斯（Chrysopolis）打败李锡尼，之后不久他就重建拜占庭并以自己的名字命名它为"君士坦丁堡"，宣称"他是遵照上帝的指示为新都取了个不朽的名字，这座城市就应该被献给新的信仰（指基督教）"[5]。

总之，为新都选址被君士坦丁视作一件至关重要的大事，他认为新都各方面条件都应该非常优越，如能始终保持繁荣、能联合东西方省份、能使帝国始终保持强大等。在君士坦丁看来，只有拜占庭满足所有这些条件，因而他在考虑过其他一些城市之后，最终选择在此建都。[6] 简言之，君士坦丁对新都选址的考

---

[1] 基督教是以耶稣的生活和教导为基础的亚伯拉罕一神论宗教，相传耶稣的故乡在地中海东岸城市拿撒勒（Nazareth，今位于以色列境内）。参见 Linda Woodhead, *Christianity: A Very Short Introduction*, New York: Oxford University Press, 2004, p. 17。

[2] Adolf Harnack, *The Expansion of Christianity in the First Three Centuries*, Volume II, trans. by James Moffatt, London: Williams and Norgate, 1905, p. 464.

[3] 西方学者倾向于把前基督教时期的古典文化称为"异教文化"，笔者也采用这种说法，不含任何个人偏见。

[4] Robert B. Kebric, *Roman People*, 2nd ed., California: Mayfield Publishing Company, 1997, p. 255.

[5] Arnold Hugh Martin Jones, *The Later Roman Empire 284-602: A Social Economic and Administrative Survey*, Volume I, Motown: The Johns Hopkins University Press, 1986, p. 83.

[6] Cyril Mango, *Byzantium: The Empire of the New Rome*, New York: Scribner, 1980, p. 74.

量内含复兴罗马昔日荣光的目的。

二、为塑造罗马之形而布局

位于色雷斯最东端的拜占庭与位于意大利中部的罗马很难让人联想到相似点，事实却是两城的地理地质条件非常相似，如纬度接近、靠近海洋、城内多山[1]等。尽管如此，在君士坦丁决定在此建都前，拜占庭仍然是一座只占有伸入普罗庞提斯海岬角一部分的小城，这跟虽渐行衰落却仍广阔壮观的罗马显然无法相比，为此君士坦丁首先得为新都框定一个与罗马差不多大的建都范围。据吉本记载，君士坦丁曾手持长矛亲自勘定新都的边界，从旧城区一直往西走，途中他的仆人善意地提醒他："划出的城市范围已经超过所知的最伟大的城市了，您还要走多久？"他回答道："我要继续向前，直到我面前的看不见的向导觉得可以停下来的时候，我再停下来。"[2]笔者认为"看不见的向导"并不神秘，其实就是君士坦丁内心的"罗马记忆"，他想将新都的建设范围规划得与罗马等大或比之更大，只有目标达成后他才会觉得可以停下来。君士坦丁在他觉得可以停下来的地方修了一堵城墙，并取名为"君士坦丁墙"（Walls of Constantine），这堵墙北起金角湾、南抵普罗庞提斯海。西里尔·曼戈（Cyril Mango）评价

---

[1] 两座城市都拥有七座主山,拜占庭的七座主山被编为第一山至第七山,前面六座山大致沿金角湾南岸从东向西编排,第七山在第六山下面、南临普罗庞提斯海,公元 5 世纪上半叶建的狄奥多西墙完整地将七座山包围在城内。参见 Kate A. Ward, Martin Crapper and K. Altuğ, et al. "The Byzantine Cisterns of Constantinople", *Water Science & Technology*: *Water Supply*, Vol. 17, Issue 6, 2017, p. 1502。罗马城内的七座主山分别是奎利那雷山（Quirinal Hill）、维米那勒山（Viminal Hill）、阿文提诺山（Aventine Hill）、埃斯奎利诺山（Esquiline Hill）、切利奥山（Caelian Hill）、帕拉蒂尼山（Palatine Hill）、卡比托利欧山（Campidoglio Hill）。参见 Grant Heiken, Renato Funiciello and Donatella De Rita, *The Seven Hills of Rome*: *A Geological Tour of the Eternal City*, Princeton, New Jersey: Princeton University Press, 2007, p. 9。

[2] Edward Gibbon, *The History of the Decline and Fall of the Roman Empire*, Volume I, London: Penguin Classics, 1776, p. 593.

道："君士坦丁将新都的范围扩大到约 700 公顷，大小接近当时的安提柯。"[1] 经过划界，新都在规模上基本可与罗马比肩；为将新都打造成新罗马，君士坦丁继续谋划新都的建设。根据《君士坦丁堡城市分区图》（*Notitia Urbis Constantinopolitanae*）[2] 的记载可知，与罗马一样，君士坦丁堡也被划分为 14 个区[3]。然而，这份资料并没有清楚地说明分区始于何时，吉本认为分区最早开始于君士坦丁统治时期，他记载道，"虽然 14 个区中的最后四个区处于君士坦丁墙以外，但从君士坦丁的一系列举措[4]可基本确定是他将君士坦丁堡分成了 14 个区"；曼戈的说法与之相左，他认为分区极有可能发生在狄奥多西一世（Theodosius I）统治时期，笔者认为在史料缺乏的情况下，两位历史学家的结论都有可能正确；但基本可以确定的是，分区举措即使没有在君士坦丁统治时期落实，也一定是由他构想的，正如约翰·马修斯（John Matthews）的评价，"不管分区开始于何时，这项措施必定是建设君士坦丁堡的计划中的一部分，因为君士坦丁的继承者们

[1] Cyril Mango, *Byzantium: The Empire of the New Rome*, New York: Scribner, 1980, p. 74.

[2] 《君士坦丁堡城市分区图》是公元 5 世纪罗马帝国的一份重要的历史资料，这份史料虽然字数不多，却包含丰富的信息，详细列举了狄奥多西二世统治时期君士坦丁堡纪念碑、公共建筑和文职人员的清单。这份史料最初由约翰·鲍尔（John Ball）翻译成英文并作为附录收录在同样由其翻译的彼得勒斯·吉利斯（Petrus Gyllius）著的《君士坦丁堡古代史》（*The Antiquities of Constantinople*）一书中，之后陆续有其他学者将其翻译成英文。在本文笔者引用的是由约翰·马修斯（John Matthews）翻译并收录在露西·格里格（Lucy Grig）、加万·凯利（Gavin Kelly）合编的《两个罗马：古代晚期的君士坦丁堡和罗马》（*Two Romes: Rome and Constantinople in Late Antiquity*）一书中。参见 Lucy Grig, Gavin Kelly, eds. *Two Romes: Rome and Constantinople in Late Antiquity*, New York: Oxford University Press, 2012, pp. 81–115。

[3] 君士坦丁堡的 14 个区基本按照从东向西的顺序编排，除了第 13 区在金角湾北侧、与市中心隔海相望外，其他 13 个区都在狄奥多西墙（Walls of Theodosius，由狄奥多西二世下令建于公元 413 年）以内，关于 14 个区的具体分布参见 Petrus Gyllius, *The Antiquities of Constantinople*, trans. by John Ball, Printed for the Benefit of the Translator, 1729, p. 285。

[4] 君士坦丁的举措包括给城市委员会冠上"元老院"的称号、将意大利的特权赋予新都市民、给君士坦丁堡冠上"殖民地"的称号、称它为罗马第一个也是最美丽的"女儿"，这些举措的根本目的是提高君士坦丁堡的地位。参见 Edward Gibbon, *The History of the Decline and Fall of the Roman Empire*, Volume I, London: Penguin Classics, 1776, p. 601。

在开发君士坦丁堡郊区时所遵循的正是君士坦丁最初的建都构想。"[1]

除了分区，君士坦丁堡的街道也体现出强烈的罗马风格，它们虽没有罗马街道的"条条大路通罗马"的气势，却也表现出与帝国首都相符合的繁华与壮观。繁华不是仅仅多出几座大型建筑就能实现的，但营建建筑却可以使本就繁华的街道变得更加繁华，君士坦丁堡就属于这种情况。君士坦丁在新城墙内建造的建筑占据了大量空间，而留给修建街道的空间相对较少，这使得街道上行人密度变大、街道看起来更加繁华，吉本评价道："新建的君士坦丁堡在繁华程度上丝毫不逊罗马，在君士坦丁墙内，一座座高大的建筑簇拥在一起，这使得并不宽敞的街道更加狭窄，不免让人觉得统治者似乎并没有考虑由此带来的卫生和便利问题，街道上始终穿梭着过往的行人、马匹和驮车。"[2] 根据《君士坦丁堡城市分区图》的记载得知，君士坦丁墙内（第1—10区）的街道数量总共为292条，而第11、12、14区的街道数量合起来才30条。[3] 虽然这份资料描述的是五世纪君士坦丁堡的各区情况，但笔者认为在有关君士坦丁堡刚建成时街道分布的问题上它能提供给人们一些启发，因为君士坦丁王朝后期及狄奥多西王朝的皇帝们主要将精力投入到城市向西扩张，对君士坦丁墙内的区域的改动相对较少，由此这里的街道数量的变化并不会很大，这就说明在新都建成时君士坦丁墙内的街道数量也是远多于

_____

[1] Lucy Grig and Gavin Kelly, eds. *Two Romes*: *Rome and Constantinople in Late Antiquity*, Oxford : Oxford Scholarship Online, 2012, p. 99.

[2] Edward Gibbon, *The History of the Decline and Fall of the Roman Empire*, Volume I, London: Penguin Classics, 1776, p. 600.

[3] 第13区不在君士坦丁堡城墙内，而在金角湾北侧的西卡区（Sycae），且《君士坦丁堡城市分区图》没有记载第13区的街道数量，故笔者没有列举第13区。参见 Lucy Grig and Gavin Kelly, eds. *Two Romes*: *Rome and Constantinople in Late Antiquity*, Oxford : Oxford Scholarship Online, 2012, p. 96。

外部。在这些终日忙碌的街道中，有这么一条街道或许不能仅仅用"宽广"形容它的与众不同，因为它赋予新都的重要性一点都不比大宫殿、竞技场等要小，它就是著名的麦斯（Mese）大道[1]。关于它具体的建成年代已无从考证，但可以确定的是君士坦丁修复、装饰过它，并视它为凯旋仪式的主要举办地。凯旋仪式在罗马是一种古老而严格的庆祝仪式[2]，庆祝那些在战争中取得完全胜利的罗马英雄，君士坦丁堡中的"罗马记忆"自然也体现在它引进了这种凯旋仪式。麦斯大道从最东端的里程碑（Milion，对等于罗马的金色里程碑）起一直向西延伸，途经斯特拉奇翁（Strategion）[3] 广场、大宫殿、竞技场、君士坦丁广场、卡皮托里尼三神庙（Capitolium，对等于卡比托利欧山）等建筑，两边建着大理石柱和商店。根据曼戈的说法，君士坦丁设计的凯旋仪式的路线很有可能是由东向西，即从斯特拉奇翁广场行至卡皮托里尼三神庙[4]，笔者认为这种说法是可取的，因为这条路线宽广且繁华，又途经许多著名的建筑，足以烘托出凯旋仪式中胜利者的荣光。

总之，君士坦丁堡从城市规划到街道设计，无不显示出"罗马记忆"对君士坦丁产生的深远影响，尤其是凯旋仪式，君士坦丁不但为这种仪式选定了道路，而且在路边建起与罗马类似的地

---

〔1〕 关于麦斯大道草图,参见萨拉·巴塞特(Sarah Bassett)所著《古代晚期君士坦丁堡的城市镜像》中的公元 4 世纪君士坦丁堡地图。参见 Sarah Bassett, *The Urban Image of Late Antique Constantinople*, Cambridge: Cambridge University Press, 2004, p. 23。

〔2〕 据西里尔·曼戈记载,罗马凯旋仪式的路线是迂回且固定的,一般是从战神广场(Campus Martius)出发,经弗拉米鲁斯竞技场(Circus Flaminius)、凯旋门(Porta Triumphalis)、马克西姆斯竞技场(Circus Maximus),绕行帕拉蒂尼山,沿着圣道(Via Sacra),一直到达卡比托(Capitol,指卡比托利欧山)。参见 Cyril Mango, "The Triumphal Way of Constantinople and the Golden Gate", *Dumbarton Oaks Papers*, Vol. 54, 2000, pp. 173–188。

〔3〕 斯特拉奇翁广场是原拜占庭的一座古老广场,君士坦丁曾在此建立他自己的骑马雕像。

〔4〕 Cyril Mango, "The Triumphal Way of Constantinople and the Golden Gate", *Dumbarton Oaks Papers*, 2000, pp. 173–188.

标，由此可见他的新罗马梦想；但也应该认识到，与古老的罗马不同，君士坦丁堡是新建的，它的历史才刚刚开始，它的城市建设还远不如罗马那般完善，在君士坦丁之后的皇帝们的努力建设下，君士坦丁堡的地位才逐渐赶上并超过罗马。

三、为重振罗马精神而建造

罗马人在征服世界的过程中，非常注重传播罗马文化，而作为文化载体之一的建筑自然会受到格外的重视，被罗马征服者推广到其他城市。纵览罗马帝国的城市，宫殿、竞技场（Circus）、广场、法庭、柱廊街道、拱门、剧场、浴场、高架渠等几乎是必会出现的建筑，这些建筑高大、厚重、庄严，体现出罗马民族务实、强硬、气派等性格特征。从公元 2 世纪开始，拜占庭的建筑已逐步罗马化，[1] 但这种罗马化是短暂且有限的，因为重建范围主要是在古城区；直到君士坦丁在此营建新都，拜占庭才真正迎来第一次质的变化，即从一座古希腊殖民城市转变成罗马帝国的首都。为实现将拜占庭打造成新罗马的宏伟目标，君士坦丁动用自己所能动用的一切力量，他下令用其他大城市的精美物品装饰新都，[2] 召集帝国最优秀的工匠建设新都，并且为新都投入

---

〔1〕 这主要归因于两位皇帝:塞普蒂米乌斯·塞维鲁(Septimus Severus)与卡拉卡拉(Caracalla)。在公元 194 年,塞维鲁打败了欲与其争夺皇位的叙利亚总督佩斯肯尼乌斯·奈哲尔(Pescennius Niger),并于公元 196 年将支持后者的拜占庭夷为平地,但在统治晚期他又下令重建拜占庭;卡拉卡拉执政后,继续完善拜占庭;在两位皇帝的努力下,拜占庭新添了柱廊街道、跑马场、宙克西帕斯(Zeuxippus)浴场、广场、港口、剧院、圆形剧场、庙宇等。参见 Cyril Mango,Byzantium: The Empire of the New Rome,New York: Scribner,1980,p. 74。

〔2〕 笔者认为君士坦丁的这个行为给其他城市造成了一定的破坏。瓦西列夫记载道:"君士坦丁下令拆毁了罗马、雅典、亚历山大、以弗所、安条克等大城市的异教建筑,将大理石和许多精美物品运至君士坦丁堡,美化那里的建筑和街道。"参见瓦西列夫著,徐家玲译:《拜占庭帝国史》,北京:商务印书馆,2020 年版,第 96 页。

巨额的建设资金。[1] 建成的君士坦丁堡在繁华程度上丝毫不逊罗马，彼得勒斯·吉利斯（Petrus Gyllius）援引佐西莫斯（Zosimus）的记载称："君士坦丁信心十足地想把君士坦丁堡建设得在壮观与宏伟方面可与罗马匹敌，而且他确实做到了，君士坦丁堡的人口数量和各种财富都远远超过了罗马。"[2] 自公元324年开始建设到公元330年最终建成的六年间，大宫殿、竞技场、广场、城墙、教堂、柱廊、雕像、浴场等在君士坦丁堡拔地而起，凡是能使伟大首都显得更尊贵或使这里居民更加便利、愉悦的建筑与设施都包含在君士坦丁墙内。[3] 据吉本记载，建成后的君士坦丁堡有一所学校、一座竞技场（Hippodrome）[4]、2座剧院、8座公共浴场和153座私人浴场、52条柱廊、5座粮仓、8条（座）引水渠或蓄水池、4座巨大的元老院议事厅、14座教堂、14座宫殿、4388座贵族别墅和数不清的民房。[5] 从吉本的记载可看出，君士坦丁堡的建筑折射出清晰的"罗马记忆"，这里的每一座建筑似乎都在告诉世人："这里就是罗马。"笔者认为吉本的记载并非特别齐全，至少他没有提到君士坦丁广场（Forum of

---

〔1〕 虽然君士坦丁花费的完整的资金数目已无从知晓，但从吉本援引的一笔由未知作者记录的款项来看，建城费用是相当昂贵的；吉本援引的记录是：修建君士坦丁堡的城墙、柱廊与引水渠总共花费六万磅黄金。参见 Edward Gibbon, *The History of the Decline and Fall of the Roman Empire*, Volume I, London：Penguin Classics, 1776, p. 595。

〔2〕 Petrus Gyllius, *The Antiquities of Constantinople*, trans. by John Ball, New York：Italica Press, Inc. , 1986, pp. 24, 233.

〔3〕 John Malalas, *The Chronicle of John Malalas*, trans. by Elizabeth Jeffreys, Michael Jeffreys and Roger Scott, Melbourne：Australian Association for Byzantine Studies, 1986, pp. 173–175.

〔4〕 竞技场（Hippodrome）是一种希腊风格的赛马场地，与罗马风格的竞技场（Circus）非常类似，二者只有很微小的区别，一是建造式样略微不同，二是罗马的竞技场功能多一些，如可作为大型公共演出的表演场地；在罗马帝国，二者都被视为公共娱乐设施，笔者认为君士坦丁之所以选择营建希腊风格的竞技场，是为了迎合当地人的审美观，因为在当时拜占庭的居民主要还是以希腊人为主。

〔5〕 Edward Gibbon, *The History of the Decline and Fall of the Roman Empire*, Volume I, London：Penguin Classics, 1776, p. 598.

Constantine)〔1〕、公共喷泉、街道等。公元 5 世纪的神学家、君士坦丁堡的苏格拉底（Socrates of Constantinople）记载道："君士坦丁将拜占庭命名为新罗马或君士坦丁堡，极大地改善这座城市的面貌，他在城外筑起高墙，并支付费用修建竞技场、喷泉、柱廊以及其他建筑，使它成为帝国东方、北方和南方居民的首都，拥有和罗马同等的权力。"〔2〕

如果对君士坦丁堡的建筑只停留在简要概述的阶段，那么读者会很难对它所包含的"罗马记忆"有深刻的印象，由此笔者将挑选几种有代表性的建筑进行分析。第一是竞技场。据吉本记载，它长约550米、宽约137米，比罗马最大的竞技场还长73米左右，场内装饰有雕像、方尖碑等著名纪念物，皇帝可坐在高高的王座观景台上观看场内的比赛。笔者认为吉本的记载存在讹误，罗马最大的竞技场是马克西姆斯竞技场（Circus Maximus），长约640米、宽约124米，它明显比君士坦丁堡的竞技场更大。第二是宫殿。它是罗马共和制向帝制转变的主要标志之一，是帝国权力集中体现的地方，也是奥古斯都及之后皇帝主要的居住场所。据马修·班森（Matthew Bunson）记载，在公元14年，新上台的提比略（Tiberius）建了两座能体现元首制中央集权的建筑：宫殿和禁卫军永久营房；君士坦丁在紧挨竞技场的位置营建大宫殿，它是君士坦丁堡乃至罗马帝国新的权力所在地，包含宫廷、花园、柱廊等独立建筑，覆盖普罗庞提斯海岸的大片区域。第三

〔1〕 君士坦丁广场呈椭圆形，外面有一个柱廊，中心竖立着高耸的大理石柱，柱顶立着君士坦丁雕像，它的头部放射出七条光线，这些都是典型的罗马装饰风格；它还有一个足够使每个经过的人都感兴趣的特点，即在这样一个公开的基督教城市里，它的四周却矗立着许多古希腊异教女神的雕像；笔者认为君士坦丁如此装饰的原因仅仅是为了使他的广场看起来更加美观。参见 Jonathan Harris, *Constantinople: Capital of Byzantium*, London, New York: Hambledon Continuum, 2007, p. 10。

〔2〕 Philip Schaff and Henry Wace, eds. *Socrates and Sozomenus Ecclesiastical Histories*, New York: Christian Classics Ethereal Library, 1886, p. 573.

是浴场。它是罗马帝国最常见的建筑之一，也是各省与罗马之间紧密的联系纽带，代表奢华、团结、娱乐。[1] 君士坦丁堡最著名的浴场叫宙克西帕斯浴场，它原是拜占庭的一处古老浴场，最早由西弗勒斯下令建造，[2] 君士坦丁修复并装饰它，为它建造高大的大理石柱，且在石柱上竖立超过 60 座铜雕像，克里斯多鲁斯（Christodorus）曾写诗赞美这些雕像。[3] 第四是广场。这是从罗马共和国流传下来的一类极具代表性的建筑，主要用作公众集会和市场交易，帝国各城市都会通过建造广场以突出"罗马身份"。[4] 君士坦丁建了一座又大又漂亮的广场，即君士坦丁广场。[5] 笔者认为这是一种关键的象征性建筑，可增强君士坦丁堡与罗马的相似性。第五是公共喷泉。它在罗马帝国是一种常见的便民设施，也常作为统治者取悦平民以博得政治支持的工具。新建的君士坦丁堡拥有多座公共喷泉，女神庙（Nympheum）是其中比较著名的一种，它历史悠久且承担多种社会功能。[6] 第六是雕像。它是罗马人用来歌颂英雄的建筑，在帝国各城市普遍出现；君士坦丁曾下令在以他命名的广场中心竖立他的雕像，笔者认为此举意在为他自己歌功颂德，公元 6 世纪历史学家约翰·

---

〔1〕 Matthew Bunson, *Encyclopedia of The Roman Empire*, New York: Facts on File, Inc., 2002, pp. 44, 70, 119.

〔2〕 John Bagnell Bury, *A History of The Later Roman Empire from Arcadius to Irene (395 AD to 800 AD)*, Volume I, London: Macmilian and Co., 1889, p. 55.

〔3〕 Edward Gibbon, *The History of the Decline and Fall of the Roman Empire*, Volume I, London: Penguin Classics, 1776, pp. 597–598.

〔4〕 Matthew Bunson, *Encyclopedia of The Roman Empire*, New York: Facts on File, Inc., 2002, p. 217.

〔5〕 John Malalas, *The Chronicle of John Malalas*, trans. by Elizabeth Jeffreys, Michael Jeffreys and Roger Scott, Melbourne: Australian Association for Byzantine Studies, 1986, p. 174.

〔6〕 女神庙是从古希腊、罗马流传下来的一类纪念性建筑，基本结构是柱墙围着中间的喷泉，这是一种献给山泉女神（Spring of Nymphs）的建筑；起初，这类建筑主要围山泉而建，后来逐渐出现在城里；罗马时期的女神庙主要由两种结构组成：圣殿、蓄水池，它的建筑式样融合希腊风格，以圆形建筑居多且内部装饰着雕塑和绘画，功能逐渐由神圣性向娱乐消遣性转化；此外，这时的女神庙还承载着一个特殊的功能，即可作为婚庆礼仪的举办场所。参见 Anita Wolff, ed. *Britannica Concise Encyclopedia*, Encyclopedia Britannica, Inc., 2006, p. 1391。

马拉拉斯（John Malalas）记载道："君士坦丁在城市中央修建一座壮观的广场，并在广场中央竖起自己的雕像。"[1] 第七是教堂。它在罗马的发展相当缓慢，但在艰难的发展中逐渐融入壮观、阔气、坚固等罗马建筑风格，与其诞生之初的矮小、朴素的风格形成强烈的对比。[2] 君士坦丁在新都建造圣使徒教堂、圣伊琳娜教堂等，它们富丽堂皇，彰显基督教的神圣与帝国的荣耀。[3] 琼斯记载称："君士坦丁是位虔诚的基督徒，他下令在包括君士坦丁堡在内的帝国各城市营建教堂；君士坦丁堡的宏伟教堂鳞次栉比，尤西比乌斯曾受君士坦丁的委任特地为这些教堂准备 50 本精美的《圣经》。"[4]

总之，君士坦丁堡的建筑折射出清晰的"罗马记忆"，君士坦丁此举可提升新都地位、凝聚公众对罗马帝国的归属感，有助于将罗马帝国统一在他的强权领导下；君士坦丁堡是一座"建筑宝库"，它聚集帝国最具纪念意义的伟大建筑，[5] 是名副其实的新罗马。

---

〔1〕 John Malalas, *The Chronicle of John Malalas*, trans. by Elizabeth Jeffreys, Michael Jeffreys and Roger Scott, Melboarne: Austrilian Association for Bgzantine Stadies, 1986, p. 174. 据曼戈记载，君士坦丁在斯特拉奇翁（Strategion）广场（靠近里程碑，建于古拜占庭时期）也建造过他的骑马雕像。参见 Cyril Mango, "The Triumphal Way of Constantinople and the Golden Gate", *Dumbarton Oaks Papers*, Vol. 54, 2000, pp. 173 – 188。

〔2〕 笔者认为教堂的建筑风格与基督教会的命运紧紧交织在一起。从诞生至公元 4 世纪初，基督教会受到官方的打击与排挤，教堂的发展受到限制，保持矮小、朴素的建筑风格；君士坦丁上位后，他放弃之前皇帝颁布的限制基督教会发展的苛刻政令，转而包容、支持基督教会的发展，并将教堂推广到帝国各城市，这导致教堂的风格开始向豪华、奢侈转变。参见 Arnold Hugh Martin Jones, *The Later Roman Empire 284 – 602: A Social Economic and Administrative Survey*, Volume II, Motown: The Johns Hopkins University Press, 1986, p. 688。

〔3〕 瓦西列夫著，徐家玲译：《拜占庭帝国史》，北京：商务印书馆，2020 年版，第 87 页。

〔4〕 Arnold Hugh Martin Jones, *The Later Roman Empire 284 – 602: A Social Economic And Administrative Survey*, Volume I, Motown: The Johns Hopkins University Press, 1986, p. 83.

〔5〕 有一点值得注意，君士坦丁堡的建筑虽和罗马的同样壮观，却没有与之相同的质量；在当时施工工具非常落后的情况下，在六年的时间内（相对较短）建造这么多壮观的建筑，免不了会有质量上的问题，吉本评价道："君士坦丁杰出的勤奋并不能激起太多的羡慕，因为他修建的很多建筑是以一种轻率和不完美的方式完成的，在新都建成后的几十年内，这些建筑很多都被各种灾害摧毁了。"参见 Edward Gibbon, *The History of the Decline and Fall of the Roman Empire*, Volume I, London: Penguin Classics, 1776, p. 601。

四、为塑造罗马内核而管理

君士坦丁堡的成功建立有两个标志：一是建筑和人口的增加，二是管理的完善。上文已概述它的建筑新增情况，下面再简要描述其人口变化状况。君士坦丁堡建成后，人口数量快速增长，这主要得益于几点原因：第一，它是罗马帝国重要的商品集散地之一，许多地方的商人来此经商，根据琼斯援引忒弥修斯（Themistius）的赞词得知，君士坦丁堡聚集来自亚洲、叙利亚和埃及的商船，它们带来世界各地的货物。[1] 第二，君士坦丁从罗马及其他大城市迁出许多贵族到这里[2]，并且贵族们带来大量的奴隶和仆人；但应冷静地看待这种迁徙效果，正如吉本的评价："不能轻信古代历史学家的浮夸之词，类似'罗马贵族全部跟随君士坦丁搬至君士坦丁堡''意大利土地再也不能种植与住人'之类的表述不值一提。值得相信的是，君士坦丁邀请过罗马和其他省份的大量贵族到君士坦丁堡定居，并许诺封给每个在新都定居的贵族家庭一块土地，他的移民举措确实使君士坦丁堡获

---

〔1〕 琼斯虽然引用忒弥修斯的赞词,但他似乎并不认同忒弥修斯的观点,因为他还提出了另一种不同的观点,即"君士坦丁堡的商业地位跟它优越的地理位置并非完全对应,一是它的商人很少被人提及,二是它在帝国的商业地位并没有亚历山大里亚更引人注意"。参见 Arnold Hugh Martin Jones, *The Later Roman Empire 284 – 602: A Social Economic and Administrative Survey*, Volume II, Motown: The Johns Hopkins University Press, 1986, pp. 688, 857。笔者认为琼斯的观点与忒弥修斯的并不矛盾,因为优越的地理位置不仅会给君士坦丁堡带来丰富的商品,还会引来嫉妒的目光与征服的欲望,这导致君士坦丁堡时常会遭到外敌的攻击,商业贸易因此会受影响。

〔2〕 关于这个说法,许多古代历史学家的记载可以印证,如君士坦丁堡的苏格拉底（Socrates of Constantinople）的记载:"君士坦丁从旧罗马和其他国家召来有地位的人士以及他们的家庭,充实城市的人口,并为他们提供食物。"参见 Philip Schaff and Henry Wace, eds. *Socrates and Sozomenus Ecclesiastical Histories*, New York: Christian Literature Publishing Co., 1886, p. 573。

得充足的发展。"[1] 第三，帝国最高司法中心被移至君士坦丁堡，这使它引来帝国各省的诉讼人士。第四，君士坦丁堡的富裕与豪华成为各阶层追求者的蜂拥之地，追求者们为了冤屈、豁免、特权和任命在此奔波。[2] 完善的管理系统是君士坦丁堡成功建立的另一个重要标志，透过它的管理系统能隐约察觉到隐藏在其深处的"罗马记忆"。君士坦丁在开始建设新都时，或许已经在思考如何管理新都，并且想到了最佳答案，即"在罗马管理体系的基础上进行调整，形成一套适用君士坦丁堡的管理系统"。需要强调的是，新建的君士坦丁堡的管理系统不如罗马那般完善，琼斯评价道："总体而言，我们对罗马比对君士坦丁堡知道得更多、了解得更深，君士坦丁堡留给我们的关于行政管理的资料实在是太少。"

两座城市的官职设置非常相似也都很复杂。"相似"体现在设置的官职类别差不多，如都包含城市长官（Urban Prefect）、监护官等；"复杂"体现在不同官职的职权经常发生重合且级别高低不明晰。在罗马，城市长官对全城秩序与管理负总责，[3] 他是最高领导者、行政长官与司法权威，位居其他各类市政官之上，地位仅次于作为帝国最高行政官员的禁卫军长官（Praetorian

---

〔1〕 Edward Gibbon, *The History of the Decline and Fall of the Roman Empire*, Volume I, London:Penguin Classics,1776,p. 599.

〔2〕 Arnold Hugh Martin Jones, *The Later Roman Empire 284 - 602: A Social Economic and Administrative Survey*, Volume II, Motown: The Johns Hopkins University Press,1986,p. 688.

〔3〕 关于城市长官的介绍，参见[2]，p. 690。吉本认为城市长官的权责随时代发展而不断变化,在创建初期,在君主权力的强大军队的保护下,城市长官的数量保持在12—18名,他们的管辖范围非常广,上可以管理贵族元老,下可以办理奴隶和游民的各类扰乱治安和亵渎道德的案件;逐渐地,他们的职权范围被其他官职的官员反噬,变得只能承担那些使市民开心的昂贵义务,数量也减少至2—3名。参见 Edward Gibbon, *The History of the Decline and Fall of the Roman Empire*, Volume I, London:Penguin Classics,1776,p. 612。

Prefect）。城市长官之下设置市政官、保民官、监护官（Curator）。[1] 其中，监护官是每个区的最高长官，每区设置两名，对区域内各类事务负总责；监护官之下设置夜巡队（包括 48 名夜巡员）、消防队（消防员数量未定）。[2] 在君士坦丁堡，最高级的官员也是城市长官，他们的权力大小、职责范围与罗马城市长官几乎一样，[3] 甚至他们的职权范围可能比罗马的更广，因为君士坦丁堡的市政官与保民官并未见诸史料，可能的情况是后两者的职权被城市长官囊括了。君士坦丁堡的城市长官最早设置于公元 359 年，[4] 在此之前它归行省总督管辖。君士坦丁堡的行省总督虽比城市长官低级，但二者的职权相差不大，为使两座城市的地位真正达到平等，在君士坦提乌斯（Constantius）统治时期，君士坦丁堡的行省总督被提升为城市长官。城市长官之下并未见设置市政官、保民官，而只有监护官，每区设置一名；监护官之下设置一名公共信使、夜巡队（包括五名夜巡员）、消防队（每区消防员的数量从 17 人到 90 人不等），据《君士坦丁堡城市分区图》的记载得知，1 区 25 人、2 区 35 人、3 区 21 人、4 区 40 人、5 区 40 人、6 区 49 人、7 区 80 人、8 区 17 人、9 区 38 人、

---

〔1〕 琼斯对市政官、保民官、监护官有过简要的介绍，其中市政官包括保粮官（Praefectus annonae，管理谷物和面包供应）、治安官（Praefectus vigilum，警察首领）、渡槽官（Comes formarum，负责高架渠的技术维修）、港口官（Comes portus，管理港口）等，保民官包括市场官（Tribunus fori suarii，管理肉市场）、雕塑官（Tribunus rerum nitentium，保护城市铜或大理石雕像）、剧场官（Tribunus voluptatum，管理戏剧演出、演员和妓女）、基金官（Rationalis vinorum，管理酒税基金）、登记官（Magister census，负责统计元老院成员及他们的财产）等。参见 Arnold Hugh Martin Jones, *The Later Roman Empire 284 - 602: A Social Economic and Administrative Survey*, Volume II, Motown: The Johns Hopkins University Press, 1986, p. 691。

〔2〕 同〔1〕, pp. 694-695。

〔3〕 Edward Gibbon, *The History of the Decline and Fall of the Roman Empire*, Volume I, London: Penguin Classics, 1776, p. 613.

〔4〕 Arnold Hugh Martin Jones, *The Later Roman Empire 284 - 602: A Social Economic and Administrative Survey*, Volume II, Motown: The Johns Hopkins University Press, 1986, p. 692.

10 区 90 人、11 区 37 人、12 区 17 人、13 区 34 人、14 区 37 人。[1] 公共信使一般由国家奴隶担任，主要职责是传递文书，它是君士坦丁堡的独创，罗马并没有"公共信使"这种职位，但这并非说明罗马官职设置不完善，可能是因为公共信使的职权已经被其他官职覆盖。

总之，君士坦丁堡与罗马类似，管理都明显不同于帝国其他城市，它们的城市分工比较明确，管理体系复杂，机构与人员设置详细，由此可看出君士坦丁堡的管理系统也折射出清晰的"罗马记忆"。然而，由于君士坦丁堡刚刚建成，论规模、人口数量、文化底蕴都不如罗马，因而它的管理系统会稍逊于罗马。

五、余论

君士坦丁堡中的"罗马记忆"不局限于规划布局、建筑类别、管理系统，还包括城市的其他许多方面。[2] 笔者尝试以回答以下两个问题作为本文的总结：一是君士坦丁为何以罗马为模板营建君士坦丁堡；二是君士坦丁堡是不是君士坦丁理想中的新罗马。针对第一个问题，笔者认为，以罗马为模板建设君士坦丁堡是必然的事情。在古代晚期，罗马帝国虽渐行衰落，但在地中

---

[1] Lucy Grig and Gavin Kelly, eds. *Two Romes: Rome and Constantinople in Late Antiquity*, New York: Oxford University Press, 2015, pp. 86−99.

[2] 如君士坦丁将罗马的救济传统移植到新都，约翰·马拉拉斯记载道："最神圣的君士坦丁在他的执政官任期结束后，在君士坦丁堡向拜占庭人慷慨解囊，在他的宫殿中向众人分发面包、酒、肉、服装和救济金。"参见 John Malalas, *The Chronicle of John Malalas*, trans. by Elizabeth Jeffreys, Michael Jeffreys and Roger Scott, New York: Italica Press, Inc. , 1986, p. 175；吉本评价道："君士坦丁以牺牲勤劳省份的收获为代价，养育了君士坦丁堡一群懒散而傲慢的人口。"参见 Edward Gibbon, *The History of the Decline and Fall of the Roman Empire*, Volume I, London: Penguin Classics, 1776, p. 600。琼斯记载道："为吸引更多的人来君士坦丁堡，君士坦丁仿照罗马的传统，发放面包给穷苦民众，据说每天发八万条面包，有时他会亲自分发面包。"参见 Arnold Hugh Martin Jones, *The Later Roman Empire 284−602: A Social Economic and Administrative Survey*, Volume I and II, Motown: The Johns Hopkins University Press, 1986, pp. 84, 688。

海及周边地区的影响力依然强大，上至建城、下至人们的行为举
止无不受罗马文明的影响，罗马文明已经深深烙印在人们心中；
城市是文明的内化物与文化符号集合体，它的建筑、街道、管理
等向外传播它所属的文明，潜移默化地增进人们对此种文明的认
同感。正如塞维鲁在攻占拜占庭后将此地夷为平地，目的是消除
人们对这座城市的记忆，君士坦丁通过君士坦丁堡传播罗马文
明，目的是加强人们对罗马帝国的归附感。针对第二个问题，笔
者认为，君士坦丁堡配得上"新罗马"这个称号，主要有以下几
点原因：首先，君士坦丁堡汇集帝国最珍贵的物品，如文明战争
的纪念品、宗教圣物、圣人雕像等，正如历史学家塞德雷纳斯
（Cedrenus）所言："除了那些令人钦佩的纪念碑所代表的杰出人
物的灵魂外，君士坦丁堡似乎什么都不缺，这里应有尽有。"[1]
其次，君士坦丁堡发展非常迅速，它表现出作为帝国首都应有的
那种聚集财富和人口的能力。吉本评价道："君士坦丁堡在建成
后的不到一个世纪的时间里，它的财富、人口数量和城市实力已
足以与罗马相抗衡。"[2] 最后，东罗马帝国存续的时间跟罗马共
和国及帝国（西罗马帝国）非常接近，[3] 基本实现君士坦丁希
望通过营建新都延续帝国命运的夙愿。

综上所述，君士坦丁堡是罗马帝国留给世人的又一枚"瑰
宝"，它是罗马皇帝试图恢复帝国荣光而采取的大胆且成功的一
次尝试；虽然融合希腊、叙利亚等东方文化元素，但君士坦丁堡
表现出的"罗马记忆"令人最为印象深刻。罗马帝国是伟大的帝

[1] Edward Gibbon, *The History of the Decline and Fall of the Roman Empire*, Volume I, London: Penguin Classics, 1776, p. 596.
[2] 同[1], p. 600。
[3] 根据罗伯特·柯布里克（Robert Kebric）的记载，罗马从公元前 753 年建立到公元 476 年被日耳曼军队占领，历经 1229 年；君士坦丁堡从公元 330 年建立到 1453 年落入土耳其人之手，历经 1123 年。参见 Robert B. Kebric, *Roman People*, 2nd ed., California: Mayfield Publishing Co., 1997, pp. xx, xxi。

国，罗马曾是帝国最伟大的城市，在它逐渐衰落的时候，君士坦丁堡能出现在罗马人的眼前，燃起他们的希望、提振他们的信心，为帝国命运带来新的转机，可称为一次成功的建都。

联合国近东巴勒斯坦难民救济和工程处探究

——基于联合国相关文件的考量

吕生富　西北大学中东研究所博士研究生

内容摘要：联合国近东巴勒斯坦难民救济和工程处依据联合国大会 302 号决议创立，向联合国大会负责，是专为救助巴勒斯坦难民而设的国际组织，其性质和功能由联合国大会决定。鉴于政治解决难民问题遥遥无期，外加地区局势持续动荡加剧难民的贫穷与边缘化，联合国大会每年均会出台与"联合国近东巴勒斯坦难民救济和工程处"相关的决议，多次延长工程处的存续时限，扩大其救助群体，变更其救助方略，使其由一个"非政治属性"的"临时"机构，逐步发展为具有一定"政治属性"的"半永久性"机构，其任务也由帮助难民融入所在地经济和就地安置，转变为向难民提供基础教育、医疗和其他社会救助等服务以维持难民生存、帮助难民自立和保护难民人权。70余年来，在以联合国为代表的国际社会大力支持下，工程处努力克服信任和财务危机、动荡的地区局势，以及与以色列、东道国和难民的复杂关系等诸多困境，在稳定难民经济生活与社会秩序方面发挥着不可替代的作用。

关键词：工程处　联合国大会　巴勒斯坦难民　东道国　人道主义援助

1949 年 12 月，联合国近东巴勒斯坦难民救济和工程处（The United Nations Relief and Works Agency for Palestine Refugees in the Near East，UNRWA，以下简称"工程处"）依据联合国大会 302 号决议正式创立，决议在承认联合国大会 194 号决议第 11 条[1]，即承认巴勒斯坦难民[2]具有"回籍、受偿"权利的基础上，意图通过开展工程项目等建设性措施，促进难民融入所在地经济。由于难民数量庞大且快速增长、工程进展缓慢，以及东道国和难民担心失去"回籍、受偿"权利等，帮助难民融入所在地经济与就地安置的工程举措接连失败。从 20 世纪 50 年代末起，工程处工作重心逐渐转向基础和职业教育、医疗、社会救助等维持难民生存和帮助难民自立的关键项目。在 1967 年以色列占领整个巴勒斯坦地区和 1982 年以色列入侵黎巴嫩后，工程处被赋予保护巴勒斯坦难民"安全、法律权力和人权"的新使命，难民利益"代言人"角色凸显。鉴于难民日益困窘和难民问题的政治解决遥遥无期，联合国大会每年均会通过与"巴勒斯坦难民"和"联合国近东巴勒斯坦难民救济和工程处"相关的各种决议，多次延

---

〔1〕 1948 年 12 月 11 日联合国大会 194 号决议第 11 条："自愿回籍与邻里和睦相处之难民应准其早日偿愿；不愿回籍之难民应由当局照价收购其财产，又依国际法原则或公平原则，应由各负责政府或当局补偿之财产损失，亦均须予以赔偿；训令和解委员会设法便利难民回籍、定居及在经济暨社会上复原，并使其获得赔偿；同时和解委员会应与联合国巴勒斯坦难民救济署署长保持密切联络，并经由该署长与联合国各主管机关及专门机构联系。"

〔2〕 联合国认定的巴勒斯坦难民标准："1946 年 6 月 1 日—1948 年 5 月 15 日期间原居住地为巴勒斯坦地区，因 1948 年战争失去家园和谋生手段的人，以及其男性后代或合法收养的孩童。"下文中提到的"难民"均指巴勒斯坦难民。

长工程处的存续时限，扩大其救助群体，变更其救助方略，使其由一个"非政治属性"的"临时"机构，逐步发展为具有一定"政治属性"的"半永久性"机构。

70 余年来，工程处在维持难民生存、帮助难民自立和保障难民人权等方面发挥了巨大作用，但同时，工程处也面临着信任和财务危机、动荡的地区局势以及与以色列、东道国和难民的复杂关系等诸多困境，其业务开展受到严重影响，进而影响难民社会经济与地区秩序的稳定。因此，对工程处的发展历程、所遇困境以及发展前景进行系统梳理和探讨，有重要的现实意义。国内相关研究较少，主要是探讨工程处与巴解组织的关系。[1] 国外相关的书籍、文章、新闻报道较多，多侧重于研究其使命变迁，教育、医疗改革及其与东道国政府、巴解组织和难民的关系等。[2] 本文则力图通过对联合国大会年度决议、工程处总干事年度报

〔1〕 相关研究参见汪树民:《近东难民救济工程处与巴解组织的关系》,载《湛江师范学院学报》,2014 年第 2 期,第 91—98 页;李秀珍:《联合国难民救济及工程局(工程处)和巴勒斯坦解放组织(PLO)关系演变简析》,载《阿拉伯世界》,2001 年第 1 期,第 37—39 页;李梦菲:《联合国近东救助工程处的巴勒斯坦难民救助研究》,兰州大学硕士论文,2021 年 5 月。

〔2〕 相关研究参见 Sari Hanafi, Leila Hilal and Lex Takkenberg, eds. *UNRWA and Palestinian Refugees: From Relief and Works to Human Development*, New York: Routledge, 2014; N. S Benjamin, "Between Occupier and Occupied: UNRWA in the West Bank and the Gaza Strip", *Journal of Palestine Studies*, Vol. 18, Issue 3, 1989, pp. 60–75; Saba Arafat, "Formal Education in UNRWA", *Journal of Refugee Studies*, Vol. 2, No. 1, 1989, pp. 108–112; Maya Rosenfeld, "From Emergency Relief Assistance to Human Development and Back: UNRWA and the Palestinian Refugees, 1950–2009", *Refugee Survey Quarterly*, Vol. 28, Nos. 2–3, 2010, pp. 286–317; Joel Peters and Orit Gal, "Israel, UNRWA, and the Palestinian Refugee Issue", *Refugee Survey Quarterly*, Vol. 28, Nos. 2–3, 2010, pp. 587–606; A. Santoro, N. Abu-Rmeileh and A. Khader, et al. "Primary Healthcare Reform in the United Nations Relief and Works Agency for Palestine Refugees in the Near East", *Eastern Mediterranean Health Journal*, Vol. 22, No. 6, 2016, pp. 417–421; Friedhelm Ernst, "Problems of UNRWA School Education and Vocational Training", *Journal of Refugee Studies*, Vol. 2, No. 1, 1989, pp. 88–97; Rami G. Khourit, "Sixty Years of UNRWA: From Service Provision to Refugee Protection", *Refugee Survey Quarterly*, Vol. 28, Nos. 2–3, 2010, pp. 439–451; M. Philipp and H. Sari, "Testing a New Paradigm: UNRWA's Camp Improvement Programme", *Refugee Survey Quarterly*, Vol. 28, Nos. 2–3, 2010, pp. 366–388; 等。

告、其他机构或人员报告[1]等一手材料的梳理，以及对相关外文文献的分析，考察工程处的成立背景、历史发展脉络及其取得的成就、面临的困境，并瞻望其前景，从而深化对工程处的认识。

一、巴勒斯坦难民问题与工程处的成立

工程处的成立与巴勒斯坦难民问题密不可分。1947 年 11 月 29 日，联合国通过 181 号巴勒斯坦分治决议，阿拉伯人和犹太人的暴力冲突进入白热化。许多巴勒斯坦民众因暴力冲突而流离失所，处于衣不蔽体、食不果腹的境地。1948 年 5 月 15 日，埃及、外约旦、叙利亚、黎巴嫩和伊拉克在以色列宣布建国一天后对其宣战，阿以战争导致更多的巴勒斯坦民众逃离家园，进而演变为国际社会关注的巴勒斯坦难民问题。早期的巴勒斯坦难民既有阿拉伯人也有犹太人，据中东经济调查团 1949 年估计，阿以冲突共造成 77.4 万多巴勒斯坦难民，其中包括逃离到阿拉伯国家一侧的 72.6 万阿拉伯人，停留在以色列一侧的 3 万多阿拉伯人和 1.7 万多犹太人。[2] 1953 年，以色列宣称完成其占领区内的难民安置，此后的巴勒斯坦难民主要指分布于巴勒斯坦周边五个国家和地区的巴勒斯坦阿拉伯难民。难民问题是阿以、巴以和谈难以绕开的问题，影响巴以乃至整个中东地区的持久和平。

---

[1] 文件均可在联合国文件库网站下载。本文采用联合国大会决议的中文版本，1992 年前的大会决议均以年度汇编的形式存放于联合国电子数据库，而 1992 年后则以单个决议的方式存放。此外，联合国大会决议编号都以 A/res 开头；工程处总干事年度报告和其他报告没有中文版，本文参考其英文版。

[2] International Bank for Reconstruction and Development，"The First Interim Report of the U. N. Economic Survey (Clapp) Mission for the Middle East，A Summary and Comments"，No. E72，29 November 1949，p. 2.

（一）对巴勒斯坦难民的直接救济

早在阿以战争前，联合国便已认识到暴力冲突给巴勒斯坦民众带来的伤害，并于以色列建国当天设立巴勒斯坦调解专员一职，令其与世界卫生组织、世界红十字会等组织合作，维护巴勒斯坦民众的安全与福祉。[1] 随着难民数量的增长，阿拉伯国家联盟于 1948 年 7 月请求联合国秘书长救助巴勒斯坦难民，以缓解其窘迫的情势。据对阿拉伯国家占领区内 500 个巴勒斯坦难民样本的调查，难民中的老弱妇幼占其总数 85%，其中 2 岁以内的婴儿占 12%，3—5 岁儿童占 18%，6—18 岁的群体占 36%，孕妇或哺乳期妇女占 10%，另外还有 8% 的老弱群体。[2] 1948 年 8 月，联合国儿童基金会捐赠大量资金并于同年 9 月派遣志愿人员前往巴勒斯坦；随后，巴勒斯坦调解专员组织成立灾难救济署（Disaster Relief Project），与众多国际组织合作提供人道主义援助，其存续时间设为 1948 年 9—12 月。[3] 由于巴勒斯坦难民没有生活来源，无法自立，巴勒斯坦调解专员认为，对难民的救济应该维持到 1949 年 8—9 月农作物收获之际，并建议联合国承担责任，采取行动，制定必要措施和实施办法。[4]

1948 年 11 月，联合国大会成立巴勒斯坦难民救济署（the United Nations Relief for Palestine Refugees），号召会员国向其捐款

---

〔1〕 United Nations General Assembly,"Appointment and Terms of Reference of a United Nations Mediator in Palestine",186(S-2),14 May 1948.

〔2〕 United Nation,"Progress Report of the United Nations Mediator on Palestine",Submitted to the Secretary-General for Transmission to the Members of the United Nations,in Pursuance of Paragraph 2,Part II,of Resolution 186(S-2) of the General Assembly of 14 May 1948,General Assembly,Official Records: Third Session,Supplement No.11(A/648),Paris,1948,pp.46-48.

〔3〕 United Nations,"Assistance to Palestine Refugees Interim Report of the Director of the United Nations Relief and Works Agency for Palestine Refugees in the Near East",General Assembly,Official Records: Fifth Session,Supplement No.19(A/1451/Rev.1),New York,1951,p.4.

〔4〕 同〔2〕,p.52。

输物，并设立特别基金。[1] 1948 年 12 月 1 日，巴勒斯坦难民救济署正式运作，总部设在日内瓦，后迁至贝鲁特，其主要任务是：指导和管理救济任务的实施；与地方政府谈判或签署协议以便更好地救济难民；寻求当地政府、国际组织的帮助，如联合国儿童基金会、红十字国际委员会、红十字会联盟；接受捐赠；与相关机构合作合理安排和利用捐赠；成立相关机构来实施救济。[2] 救济署收到众多国家和国际组织的资金与物资捐赠，截至 1949 年 7 月，巴勒斯坦难民救济署接收各类捐助 1930 多万美元。[3]

（二）救助难民新方案

为促进难民问题的政治解决，联合国大会于 1948 年 12 月设立巴勒斯坦和解委员会，令其设法方便难民回籍、定居及在经济与社会上重建，并使其获得赔偿。[4] 虽努力斡旋，但巴勒斯坦和解委员会并未促使以色列与阿拉伯国家在难民回籍、赔偿和重新定居等问题上达成一致，巴勒斯坦难民问题在政治上陷入僵局。为避免难民的生活状况在巴勒斯坦难民救济署的任务时限到期后恶化，巴勒斯坦和解委员会设立下属机构——中东经济调查团（Economic Survey Mission for Middle East），赋予其考察周边地区经济形势、为难民生计找到新出路的任务。美国人戈登·克拉普（Gordon Clapp）担任经济调查团主任，他于 1949 年来到约旦河谷及其他近东地区考察，期望可以在此复制美国 20 世纪 30—

---

〔1〕 联合国,第三届大会决议案汇编,救济巴勒斯坦难民,A/res/212（Ⅲ）,1948 年 11 月 19 日,第 27 页。

〔2〕 United Nations, "Administrative Instruction", No. 60, Secretariat AI/60, 31 January 1949, p. 3.

〔3〕 United Nations General Assembly, "Assistance to Palestine Refugees, Financial Statements of the United Nations Relief for Palestine Refugees for the Period 1 December 1948 to 30 June 1949 and Report of the Board of Auditors", A/1060/Add. 1, 4 November 1949, p. 7.

〔4〕 联合国,第三届大会决议案汇编,巴勒斯坦:联合国调解专员工作进展报告,A/res/194（Ⅲ）,1948 年 12 月 11 日,第 9 页。

40年代开发旱地的经验。[1] 1949年11月6日，中东经济调查团在以下几个方面向和解委员会提出了建议：第一，难民生活仍然艰难，直接救济应持续至1950年4月1日；第二，逐步减少对难民的直接救济，应通过对所在地区进行开发来增加难民收入和提高容纳难民的能力，并逐步交由当地政府接管负责；第三，建立有管理工程项目和与当地政府谈判资格的专门机构，该机构需在1950年4月1日前接管巴勒斯坦难民救济署，并给予其招募雇员和管理资金等工作权限。此外，中东经济调查团列出了在具体国家实施具体项目的详细建议，并给出结束工程项目的时间表。[2] 东道国政府对这些建议表示谨慎欢迎，但同时要求必须尊重联合国194号决议第11条赋予难民的"回籍、受偿"等权利。

（三）工程处的成立

1949年12月，根据中东经济调查团的建议和阿拉伯国家的诉求，联合国大会通过302号决议，决定在重申194号决议第11条的基础上，设立联合国近东巴勒斯坦难民救济和工程处（UNRWA）及其咨询委员会，要求工程处于1950年4月1日或秘书长与工程处主任商定之日期，接管巴勒斯坦难民救济署之资产与负债，并赋予其两项工作职责：一是与各政府共同实施直接救济和工程计划；二是在直接救济和工程计划结束前，与近东国家会商各政府应采取的准备措施。在领导机制方面，决议规定：工程处主任须由秘书长与咨询委员会成员国政府协商任命，向联合国大会负责并向其提送相关报告书，咨询委员会有权向工程处主任提

---

〔1〕 Lex Takkenberg, "UNRWA and the Palestinian Refugees After Sixty Years: Some Reflections", *Refugee Survey Quarterly*, Vol. 28, Nos. 2-3, 2010, p. 252.

〔2〕 International Bank for Reconstruction and Development, "The First Interim Report of the U. N. Economic Survey (Clapp) Mission for the Middle East, A Summary and Comments", No. E72, 29 November 1949, pp. 5-6.

供意见与协助，以执行其计划。[1]工程处咨询委员会第一届成员分别来自捐款最多的美国、英国和法国，三国在 1950 年的捐款数额分别为 1920 万美元、420 万美元和 86 万美元。截至 2020 年 9 月，咨询委员会正式成员国增加到 28 个，另有四个观察员国，[2] 主要由捐款最多的国家和东道国组成。根据 302 号决议的授权，咨询委员会对工程处的各项业务有较大影响。

以色列与所有阿拉伯国家均赞成 302 号决议，决议以 48 票赞成、0 票反对、6 票弃权的结果获得通过。经过一系列准备工作，1950 年 5 月 1 日，工程处正式在该地区开展业务，其总部设在贝鲁特，与联合国教科文组织（UNESCO）在同一栋建筑办公，第一任主任是加拿大人霍华德·肯尼迪（Howard Kennedy）。[3]

二、工程处的性质及其使命变迁

70 余年来，地区局势和巴勒斯坦难民的处境处于不断变化之中，为满足巴勒斯坦难民的现实需要，联合国大会对工程处的性质和使命也作出相应调整。

（一）工程处性质的变化

第一，"临时"机构转变为"半永久性"机构。

据中东经济调查团建议和联合国大会 302 号决议精神，工程处设置初衷是期望通过实施工程项目等建设性措施为难民提供谋生的工作，促进难民融入所在地经济，逐步减少直至停止对难民

〔1〕 联合国,第四届大会决议案汇编,援助巴勒斯坦难民,A/res/302(IV),1949 年 12 月 8 日,第 21—22 页。
〔2〕 United Nations Relief and Works Agency for Palestine Refugees in the Near East,"What We Are,Advisory Commission",https://www. UNRWA. org/who-we-are/advisory-commission.
〔3〕 A. H. Joffe and A. Romirowsky,"A Tale of Two Galloways: Notes on the Early History of UNRWA and Zionist Historiography", Middle Eastern Studies,Vol. 46,No. 5,2010,p. 660.

的直接救济，并最终由东道国接管，因此，"临时性"是工程处的一个重要特征。然而，随着难民问题政治谈判的停滞，以及难民融入所在地经济和就地安置计划的失败，联合国大会不得不多次延长工程处的存续时限。

巴以于 1993 年步入和平进程之后，工程处发挥的作用具有过渡性质，它一方面扩大业务，积极参与被占领土的经济发展，另一方面主动与巴勒斯坦当局合作并准备业务移交。[1] 但随着和平进程的一波三折，尤其是第二次巴勒斯坦起义之后，巴以和平进程陷入僵局。巴以冲突给巴勒斯坦难民带来了惨重伤亡，严重破坏了其社会经济，也为巴勒斯坦难民问题的政治解决蒙上阴影。为维持巴勒斯坦难民社会经济稳定，避免难民因绝望情绪导致社会秩序动荡，联合国大会于 2003 年作出决议：申明在巴勒斯坦难民问题得到解决以前，联合国近东巴勒斯坦难民救济和工程处的工作必须继续下去，并申明其业务和服务对巴勒斯坦难民的福祉及对该区域稳定的重要性。[2] 至此，联合国大会将工程处的存续与难民问题的解决与否相联系。由于无法在短期内政治解决难民问题，工程处因此具有了"半永久性"特征。历经 20 多次延续之后，联合国大会于 2019 年再次将工程处的任务时限延至 2023 年 6 月 30 日。[3]

第二，"非政治属性"向"政治属性"的转变。

工程处设立之初的主要目标是维持难民生存，帮助难民融入所在地经济和就地安置，这属于社会经济范畴，并不具有"政治

---

〔1〕 United Nations,"Report of the Commissioner General of the United Nations Relief and Works Agency for Palestine Refugees in the Near East,1 July 1993–30 June 1994",General Assembly,Official Records:Forty Ninth Session,Supplement No. 13(A/49/13),New York,1994,p. vii.

〔2〕 联合国,第五十八届大会决议,援助巴勒斯坦难民并支助联合国近东巴勒斯坦难民救济和工程处,A/res/58/95,2003 年 12 月 9 日,第 2 页。

〔3〕 联合国,第七十四届大会决议,援助巴勒斯坦难民,A/res/74/83,2019 年 12 月 13 日,第 2 页。

属性"。在政治层面上，主要由巴勒斯坦和解委员负责斡旋阿以双方的难民问题谈判，而难民社团的行政管理则由东道国政府或难民自治组织负责。

以色列于 1967 年占领整个巴勒斯坦地区后，工程处的巴勒斯坦难民"代言人"角色更加突出，"政治属性"不断增强。鉴于强拆房屋、强制迁移改变居民结构等有组织侵害巴勒斯坦难民人权的事件时有发生，联合国大会在第 37 届会议上通过 120 号决议，促请"秘书长在以色列军队撤出它自 1967 年以来所占领的巴勒斯坦和其他阿拉伯领土（包括耶路撒冷）以前，协同联合国近东巴勒斯坦难民救济和工程处采取各项有效措施，以确保被占领土内巴勒斯坦难民的安全以及法律权利和人权"[1]，从而赋予了工程处保护巴勒斯坦难民的任务。为此，工程处专设难民事务干事一职维护难民权利，负责在侵犯人权的行为发生时与以色列或其他东道国政府进行交涉；另外，工程处不断呼吁公正、持久维护难民权利的解决方案，[2] 并在多次报告中提及侵犯巴勒斯坦难民人权的行为，尤其是以色列对难民人权的侵犯，引发了国际社会对以色列的谴责，加剧了工程处和以色列的紧张关系。工程处显然具备了一定的"政治属性"。

（二）工程处的使命变迁

由于难民问题的政治解决方案停滞不前、工程项目进展缓慢，外加巴勒斯坦及周边地区的持续动荡，巴勒斯坦难民的生计并没有如预期般得以解决，联合国不得不多次延长工程处的任期，并综合各类情况扩大其服务群体，改变其救助方略。

第一，工程处的主要服务人群是巴勒斯坦难民，但伴随地区

---

[1] 联合国,第九届大会决议案汇编,联合国近东巴勒斯坦难民救济和工程处主任报告书, A/res/37/120J,1982 年 12 月 16 日,第 137 页。

[2] Nicholas Morris,"Towards a Protection Strategy for UNRWA",*Refugee Survey Quarterly*, Vol. 28,Nos. 2-3,2010,p. 551.

局势的动荡，工程处时而将服务对象扩展到其他需要紧急救助的群体。

1949 年后，阿以在停火线周边冲突不断，导致更多的人群流离失所。此外，西岸和加沙存在大量贫穷的原住民，他们因大量难民的涌入而更加贫困。针对这一情况，联合国决议要求："工程处主任商同工程处咨询委员会研究其他请求救济者，尤其沿分界线各村落内儿童与困苦居民，应受之援助问题，并提出报告。"[1] 1956 年，苏伊士运河危机导致加沙出现大量急需救助的非难民群体，工程处主任经与联合国秘书长协商，将加沙非难民群体纳入紧急救济范围，直至加沙地区重新为埃及接管。[2] 1967 年后，中东地缘政治格局发生了巨大变化，在以色列占领整个巴勒斯坦和西奈半岛后，强拆房屋和强制迁移导致大量当地居民居无定所，也导致大量巴勒斯坦难民再次流离失所，联合国大会要求工程处"尽实际可能，作为一项临时紧急措施，为该地区内因最近敌对行为导致的无家可归并需要紧急救济的其他人群，提供人道主义援助"[3]。1982 年，以色列入侵黎巴嫩造成严重的人道主义灾难，联合国大会核可工程处总干事[4]"作为一项紧急临时措施，在可行范围内，继续向该地区由于 1967 年 6 月及其后的敌对行动导致目前流离失所和急需持续援助的其他人群提供人道主义援助"[5]。2000 年，巴勒斯坦爆发第二次起义；2006

---

〔1〕 联合国,第九届大会决议案汇编,联合国近东巴勒斯坦难民救济和工程处主任报告书,A/res/818（ⅠX）,1954 年 12 月 4 日,第 6 页。

〔2〕 United Nations,"Annual Report of the Director of the United Nations Relief and Works Agency for Palestine Refugees in the Near East,Covering the Period 1 July 1956 to 30 June 1957",General Assembly,Official Records:Twelfth Session,Supplement No. 14（A/3686）,New York,1957,p. 7.

〔3〕 联合国,第二十二届大会决议案汇编,联合国近东巴勒斯坦难民救济和工程处总干事报告书,A/res/2341B（XXⅡ）,1967 年 12 月 19 日,第 22 页。

〔4〕 1962 年,联合国将工程处主任（Director）一职改设为总干事（Commissioner General）。

〔5〕 联合国,第三十七届大会决议案汇编,联合国近东巴勒斯坦难民救济和工程处,A/res/37/120B,1982 年 12 月 16 日,第 133 页。

年，以色列再次军事入侵黎巴嫩；2008年之后，以色列多次入侵加沙；2011年，叙利亚内战爆发，以上事件均造成大量巴勒斯坦难民或平民流离失所，生活无着。联合国大会多次授权工程处总干事继续在实际可行的范围内，作为紧急情况下的一项临时措施，向该地区由于工程处作业区域内的近期危机而在境内流离失所、急需继续获得援助者提供人道主义援助。

第二，工程处的救助方略，由实施工程项目帮助难民融入所在地经济、就地安置，转变为向难民提供基础医疗、教育和其他社会服务来维持难民生计和促进其自立，并进一步扩展到保护难民的人权，保护难民中的弱势群体。

工程处的设置初衷是逐步减少对难民的直接救济，实施工程项目帮助难民融入所在地经济，并逐步交由当地政府接管。但实践中发现，巴勒斯坦难民数量远超中东经济调查团公布的70多万人，并以较高的自然增长率不断增加，无法实现1950年年底停止直接救济的目标。另外，由于资金短缺、项目规划耗时长、东道国资源条件限制等，工程项目的效果不如预期，大量难民得不到持续雇佣。[1] 又因工程项目缺乏长远效果，一旦项目结束，难民及其家人又重新回到救济名单，无法长久地融入所在地的经济。因此，工程处认为，工程项目不应简单地为难民提供工作，应将安置难民放在首要位置，帮助难民恢复经济。[2] 1950年12月，联合国大会393号决议规定：以不妨碍大会194号决议案第11条之规定为限，以遣送回籍或重新安置方式，使难民在近东经济生活中重得其所，实为应付将来国际援助不可复得及实现该区

〔1〕 United Nations,"Assistance to Palestine Refugees Interim Report of the Director of the United Nations Relief and Works Agency for Palestine Refugees in the Near East",General Assembly, Official Records: Fifth Session,Supplement No. 19(A/1451/Rev. 1),New York,1951,p. 7.

〔2〕 United Nations,"Assistance to Palestine Refugees Interim Report of the Director of the United Nations Relief and Works Agency for Palestine Refugees in the Near East",General Assembly, Official Records: Sixth Session,Supplement No. 16(A/1905),Paris,1951,p. 7.

和平稳定情况之要举；并训令工程处指拨一项经济复原基金，任何近东政府提请永久安置难民，使其无需依赖救济之计划，经工程处核准，即可利用此项基金。[1] 作为就地安置项目的补充，工程处开始为难民提供贷款，对难民进行培训并在总部设立实习服务部门，帮助难民移民和到海外就业。[2]

就地安置的计划同样以失败告终，其主要原因有两个方面：第一，就地安置项目的进展极其缓慢，以亚尔慕克 - 约旦河谷（Yarmuk-Jordan Valley）灌溉项目为例，仅谈判、调查、施工和蓄水就需多年，[3] 表 1 可反映出工程项目进展之缓慢；第二，因为担心难民丧失"回籍、受偿"等权利，除约旦外，东道国政府对重新安置难民的政策持消极态度。

表 1　工程处 1953—1957 年预决算　　（单位：万美元）

年度	预算	决算
1953	9756	163
1954	375	162
1955	3135	223
1956	8100	165
1956（下半年）、1957（共计 18 个月）	8260	275

资料来源：联合国近东巴勒斯坦难民救济和工程处历年财务审计报告。

[1] 联合国,第五届大会决议案汇编,援助巴勒斯坦难民,A/res/393(V),1950 年 12 月 2 日,第 22 页。

[2] United Nations, "Assistance to Palestine Refugees Interim Report of the Director of the United Nations Relief and Works Agency for Palestine Refugees in the Near East",General Assembly, Official Records: Sixth Session,Supplement No. 16(A/1905),Paris,1951,pp. 11-12.

[3] United Nations, "Annual Report of the Diector of the United Nations Relief and Works Agency for Palestine Refugees in the Near East, Covering the Period 1 July 1952 to 30 June 1953", General Assembly,Official Records: Eighth Session,Supplement No. 12(A/2470),New York,1953, p. 2.

1958 年，因 194 号决议第 11 条所规定之难民回籍或给予赔偿之办法尚未实行，513 号决议第 2 条之难民融入安置计划亦无重大进展，联合国要求工程处主任拟定并执行足以维持大量难民生计之方案，尤其是教育及职业训练计划。[1] 1959 年，联合国大会命令工程处继续实施救济难民方案，并就财力所及，扩大其自立及职业训练方案。[2] 以上决议将工程处的救助方略，由实施工程项目来提供就业、促进难民融入所在地经济和就地安置，转变为通过救济维持难民基本生存、通过教育和职业训练等项目促进难民人力资源发展，帮助难民自立。本次转变奠定了工程处日后工作的基本框架，教育、卫生等业务逐渐成为工程处的核心业务。

1967 年占领整个巴勒斯坦地区后，以色列强拆房屋、强制迁移难民等侵犯人权的行为时有发生；1982 年，以色列入侵黎巴嫩给巴勒斯坦难民造成了空前的人道主义灾难。为此，联合国通过决议，赋予工程处保护难民人权的任务。此外，随着联合国对儿童、妇女和残疾人等弱势群体的重视，联合国大会分别于 2004 年、2007 年和 2013 年通过决议，鼓励工程处保护儿童、妇女和残疾人的需求与权利，并在 2014 年的决议中将之合并为：鼓励工程处与联合国其他相关实体密切合作，继续在其业务中分别依照《儿童权利公约》《消除对妇女一切形式歧视公约》《残疾人权利公约》，在处理儿童、妇女和残疾人的需求和权利方面取得进展，包括为此提供必要的社会心理和人道主义支持。[3]

---

〔1〕 联合国,第十三届大会决议案汇编,联合国近东巴勒斯坦难民救济和工程处主任报告书,A/res/1315(ⅩⅢ),1958 年 12 月 12 日,第 10 页。
〔2〕 联合国,第十四届大会决议案汇编,联合国近东巴勒斯坦难民救济和工程处,A/res/1456(ⅩⅣ),1959 年 12 月 9 日,第 8 页。
〔3〕 联合国,第六十九届大会决议,联合国近东巴勒斯坦难民救济和工程处的业务,A/res/69/88,2014 年 12 月 5 日,第 5 页。

三、工程处的组织架构及其主要业务

工程处组织架构和主要业务主要围绕如何有效地救助巴勒斯坦难民进行设置，其目标则是"维持难民生存，帮助难民自立和保护难民人权"。

（一）组织架构

工程处直接附属于联合国大会并向其负责，设总干事一名，负责工程处的整体业务，成立之初由秘书长和咨询委员会成员国政府选派，现一般由联合国秘书长提名，须每年向联合国大会汇报其工作。工程处原本在加沙和安曼设有两个总部，但因加沙工作受到以色列阻碍，其总部功能主要在安曼行使，安曼设有办公室、财务、教育、卫生、救济和社会服务、人力资源、后勤、基建和难民营改造、内部监察、规划、安全风控、信管科技共计 12 个部门。此外，为工作便利在耶路撒冷设有外联、法律事务和小额信贷三个部门。除总部外，工程处在西岸（包含东耶路撒冷）、加沙、约旦、叙利亚和黎巴嫩设有五个地区办事处。地区办事处组织结构较为类似，主要负责向巴勒斯坦难民提供基础和职业教育、基础卫生、救济和社会援助等服务；工程处还在纽约、华盛顿、布鲁塞尔和开罗设有四个代表处，以便与联合国和其他国际组织联络，争取国际援助。为了仲裁工程处内部或外部争端，安曼设有不归总干事管理的争端仲裁办公室。

基层组织方面，因位于加沙、西岸、约旦、叙利亚和黎巴嫩五地 58 个难民营中的 170 余万难民集中度最高且最为贫困，工程处的难民服务办公室、初级学校和基层卫生中心等基层机构大多设置于难民营内或其周围，以便有效地提供各项服务。图 1 为工程处组织架构图。

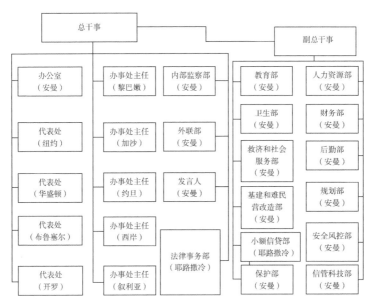

资料来源：联合国近东巴勒斯坦难民救济和工程处。

图 1　联合国近东巴勒斯坦难民救济和工程处组织架构图

(二) 工程处的主要业务

现今，工程处主要为居于加沙、西岸（包括耶路撒冷）、约旦、叙利亚和黎巴嫩的巴勒斯坦难民提供基础和职业教育、基础卫生、救济和社会援助、基础设施与难民营改造、小额信贷和紧急响应等服务，[1] 包含非专款业务和专款业务。非专款业务主要包含基础教育、基础卫生、救济和社会服务、人身保护、难民营修缮等核心项目，各捐资国将款项汇入常规账户，工程处可根据情况调拨使用此项基金；专款业务包含小额金融、紧急响应和其他限定性项目，这些项目设有专门基金账户，专款专用。

教育方面，工程处主要负责难民子女的基础教育和职业教

────────────

〔1〕 United Nations Relief and Works Agency for Palestine Refugees in the Near East，"What We Do"，https://www. UNRWA. org/what-we-do.

育，联合国教科文组织（UNESCO）是其主要合作伙伴，向其提供人员技术支持。2014年，工程处总干事和UNESCO总干事签署备忘录再次重申其承诺，共同向难民提供高质量教育。工程处现在五个地区共运行初级学校711所，有教职员工2万多人、学生52万多人，另有近7700名学生在八所职业技术学校学习，有1600多名学生分别在位于约旦和西岸的两家教师培训中心培训。为方便难民升学，难民学校在学制和教学内容方面与东道国政府相同或相近，如加沙和西岸提供的是九年基础教育，而东耶路撒冷和约旦则提供的是十年基础教育。[1] 除基础教育外，工程处积极争取助学金和奖学金特别捐赠，以供巴勒斯坦难民接受高等教育，联合国大会甚至探讨过为巴勒斯坦难民建立耶路撒冷大学的可能性。

卫生方面，早在工程处成立之前，世界卫生组织（WHO）便与其前身巴勒斯坦难民救济署合作为难民提供医疗救助。工程处成立后，WHO继续向其提供人员和技术支持，并签订协议确立合作关系。工程处主要为难民提供基础医疗服务，包括疾病的预防和治疗，以及环境卫生服务。工程处现有基层卫生中心143个、医护人员3298人，每年有300多万难民享受医疗服务，年咨询量达800多万次。环境卫生服务主要是把关饮水质量，为难民营提供卫生设施，追踪带有传染性病菌动物的活动轨迹。[2] 除基础医疗外，工程处也会积极协助需要的人获取更高层次的医疗资源。

救济和社会服务部门的主要目标是扶持难民社区中的弱势群体，包括妇女、儿童、残疾人、老人和贫困者，帮助他们发展和

---

〔1〕 United Nations Relief and Works Agency for Palestine Refugees in the Near East,"What We Do,Education",https://www. UNRWA. org/what-we-do/education.

〔2〕 United Nations Relief and Works Agency for Palestine Refugees in the Near East,"What We Do,Health",https://www. UNRWA. org/what-we-do/health.

自立。其主要措施有：一是设置社会保障网络，用于资助最贫困的难民群体，2013 年向 7 万多家庭、29 万多人发放了粮食和现金救助；二是保存和更新档案，开发难民信息登记系统以便于鉴定难民身份；三是建立基于社区的组织，如妇女、儿童中心。救济和社会服务部有雇员 886 人，设有妇女家园 61 个、社区康复中心 38 个，并在四个地区开发出基于难民贫困度的信息系统。[1]

小额信贷部门主要向家庭、商人和小微企业主提供信贷和金融补充服务，创造并维持工作岗位，为难民及其周围的贫困和边缘群体提供持续创收的机会。项目支持对象包括处于经济边缘地位的小商人，如渔民、汽修商、家庭式裁缝作坊经营者等，还扶持那些寻求创立自己事业的 18—30 岁年轻人，并为之提供创业启动资金。小额信贷项目通过扶持女性、年轻人和边缘群体，帮助他们实现"得体生活"的人类发展目标。[2]

基础设施和难民营改造项目的主要任务是提升难民营的居住条件。难民营街道狭窄、人口拥挤，一些年久失修的建筑甚至威胁难民的生命。2007 年，为改善与难民生存和健康密切相关的居住环境，基建和难民营改造部门制定了一个运用城市规划工具、综合统一、基于社区的参与式难民营提升计划。现在，该业务主要负责难民营的房屋修缮、重建、维护和环境卫生等工作。[3]

紧急响应业务是工程处在遇到冲突、疾病或其他紧急情况下向受到影响的巴勒斯坦难民提供救助，如受叙利亚内战影响的巴勒斯坦难民。这类资助基于特定背景和紧急的人道主义需要，主

〔1〕 United Nations Relief and Works Agency for Palestine Refugees in the Near East,"What We Do,Relief & Social Services", https://www. UNRWA. org/what-we-do/relief-social-services.

〔2〕 United Nations Relief and Works Agency for Palestine Refugees in the Near East,"What We Do,Microfinance", https://www. UNRWA. org/what-we-do/microfinance.

〔3〕 United Nations Relief and Works Agency for Palestine Refugees in the Near East,"What We Do,Infrastructure & Camp Improvement", https://www. UNRWA. org/what-we-do/infrastructure-camp-improvement.

要包含粮食、水、卫生、临时居所和现金，紧急情况下的教育、卫生服务和重建等。

四、工程处的主要成就及其面临的困境和应对

70 余年来，在以联合国为代表的国际社会大力支持下，工程处为援救和保护巴勒斯坦难民、稳定难民的社会和经济秩序作出了重要贡献。自成立以来，面对诸如财务危机，与以色列、东道国和难民的复杂关系，动荡的地区局势等诸多困境，工程处不断调整改革自身，加强协调对外关系，努力维持向巴勒斯坦难民提供的各项服务。

（一）工程处取得的主要成就

首先，工程处维持了巴勒斯坦难民的基本生存。工程处成立之初，大部分巴勒斯坦难民尚不具备自立能力，其生存只能依赖工程处提供的定量食物、药品和帐篷等救济物资，如 1951 年每个难民每月可领取 10 千克面粉、0.6 千克糖、0.5 千克大米和 0.35 升油等相当于 1600 卡路里能量的食品。[1] 经过努力，工程处建立了较为完善的基层教育、医疗体系，难民居住条件也大为改善，帐篷全部为房屋所取代，大部分巴勒斯坦难民逐渐自立，其生存问题得到了基本保障。虽然工程处的直接救济因大部分难民能够自立而不断减少，但仍然存在一些贫困家庭需要救济，工程处为之建立了基于贫困度的电子信息系统，并通过社会保障网络向其提供物资和现金支持，如 2013 年共向 7 万多家庭、29 万多难民发放了粮食和现金救济；在地区局势动荡的特殊时期，大量流离失所的难民也仍然需要工程处的紧急救济保障其基本生

---

[1] Ilana Feldman,"The Challenge of Categories: UNRWA and the Definition of a 'Palestine Refugee'", *Journal of Refugee Studies*, Vol. 25, No. 3, 2012, p. 391.

存，如工程处在 2019 年给予加沙 100 万多难民粮食援助，并紧急救济了 40 万多内战前居住于叙利亚的难民。

其次，工程处努力保护巴勒斯坦难民的人权。1967 年六日战争，尤其是 20 世纪 80 年代后，工程处为保障巴勒斯坦难民的人权做了大量工作，并于 2016 年 1 月正式成立保护部。工程处的保护策略分为两个方面：一是与以色列、东道国等政府接触，促进其对国际法的尊重，进而保护巴勒斯坦难民的各项权利；二是在其所有业务领域建立保护小组，制定了里程碑式的 2016—2021 年性别平等战略和儿童保护框架，以预防和应对基于性别等对于难民内部弱势群体的暴力。虽然面临巨大阻力，但工程处仍然在保护工作方面取得了一些成绩。以 2016 年为例，工程处针对一系列保护问题共实施了 249 项干预措施，向国际人权体系提交了 18 份意见书和简报，有接近 3000 名工程处雇员接受了培训，确定了 7000 多名面临保护风险的个人，其中 87.9% 得到了帮助，至少为三万多人提供了社会心理支持。[1]

再次，工程处促进了难民的自立。鉴于达成难民问题的政治解决方案困难重重，帮助难民自立便成为工程处的核心目标，从开始的以实施工程项目促进难民融入当地经济生活和就地安置，到后来的教育、移民、小额信贷等业务，都以难民自立为出发点。工程处在教育方面取得了巨大成就，联合国小学于 1959 年 5 月便有能力招收所有难民适龄儿童，至 1966 年，几乎所有小学毕业生都可以进入初级中学就读，[2] 工程处还培养了大量技术

〔1〕 United Nations, "Report of the Commissioner General of the United Nations Relief and Works Agency for Palestine Refugees in the Near East, 1 January–30 December 2016", General Assembly, Official Records: Seventy Second Session, Supplement No. 13 (A/72/13/Rev. 1), New York, 2017, pp. 31–32.

〔2〕 United Nations, "Report of the Commissioner General of the United Nations Relief and Works Agency for Palestine Refugees in the Near East, 1 July 1965–30 June 1966", General Assembly, Official Records: Twenty First Session, Supplement No. 13 (A/6313), New York, 1966, p. 21.

类人才和师资力量，因其早期教育水平高于地区平均水平，大量难民前往海湾、南美和欧洲等国家从事教师或其他工作。联合国职业技术培训学校主要以促进就业来安排各项课程，大量难民因此找到了工作岗位。此外，小额信贷也是帮扶难民自立的有效方式，是地区经济的有效润滑剂。联合国决议多次强调小额信贷的重要性，2010 年前的 20 年里，工程处共发放 14 万多笔总价值超过 1.5 亿美元的贷款。[1] 基建和难民营改造业务则第一次赋予难民积极参与而不是被动受助的角色。[2]

（二）面临的困境及其应对

第一，信任和财务危机严重制约工程处业务开展。

工程处的信任危机和财务危机一体两面。一方面，信任危机会降低捐资国的捐款意愿。21 世纪以来，由于地区局势动荡，在巴勒斯坦难民的生活每况愈下、需要紧急救济的巴勒斯坦难民不断增多的同时，工程处还需不断地对毁坏的难民营进行复原和重建，严重影响捐资国对于工程处"提高难民福祉"的信心。

另一方面，持续的财务危机会削弱捐资国对工程处救助能力的信任。工程处资金主要来自联合国各成员国（主要来自工程处咨询委员会成员国）的自愿捐赠，少部分来自国际组织和个人，其所募款项通常不及预期多。联合国大会 302 号决议规定，截止到 1951 年 6 月，工程处可以使用的救济和工程项目资金应达到 5000 万美元，但实际募资只有 3000 万多美元。在超过三分之二工作年度里，工程处不能筹足预算款项，以 2019 年为例，工程处年度赤字达到 1.7236 亿美元。[3]

---

〔1〕 Karen Abu Zayd, "UNRWA and the Palestinian Refugees After Sixty Years: Assessing Developments and Marking Challenges", *Refugee Survey Quarterly*, Vol. 28, Nos. 2-3, 2010, p. 227.

〔2〕 Philipp Misselwitz and Sari Hanafi, "Testing a New Paradigm: UNRWA's Camp Improvement Programme", *Refugee Survey Quarterly*, Vol. 28, Nos. 2-3, 2010, p. 360.

〔3〕 联合国，联合国近东巴勒斯坦难民救济和工程处 2019 年 12 月 31 日终了年度财务报告和已审计财务报表以及审计委员会的报告，A75/5/Add. 4, 2020 年，纽约，第 10 页。

为扩大捐赠基础和确保工程处在任务期内资金充足、可预测和持续不断，联合国秘书长多次要求会员国对总干事提出的"摊款方案"进行广泛协商，呼吁尚未向工程处提供捐助的国家和组织自愿捐款，并希望捐助方尽早提供年度自愿捐款、减少指定用途和提供多年筹资。此外，东道国、捐资国或国际组织会利用各种机会召开筹款会议或发出捐资倡议，如 2018 年 9 月 27 日由德国、日本、约旦、瑞典、土耳其和欧盟在纽约联合国总部主持召开部长级会议；又如 2018 年 5 月在孟加拉国举行的伊斯兰合作组织外交部长理事会第四十五届会议决定设立一个伊斯兰开发银行捐赠基金，通过加强对工程处的支持，向巴勒斯坦难民提供帮助，2018 年 5 月在土耳其举行的伊斯兰首脑会议第七届特别会议重申了该决定。[1]争取捐赠的努力是卓有成效的，截至目前，工程处咨询委员会成员国增加到 28 个，除难民东道国政府外，捐资额均在百万美元以上，有 19 个国家年捐赠资金超过 1000 万美元。20 世纪 80 年代后，中国开始向工程处提供现金资助。2018 年 8 月，中国政府承诺向工程处追加捐助 235 万美元[2]，这表明了中国政府对工程处关注度的提升。

除争取更多捐资解决财务危机之外，工程处还通过改革以缓解资金困难造成的影响，进而争取更多捐助者的信任。一是压缩开支，降低业务和行政费用。因经常性资金短缺，联合国学校实行轮换制上课和大班教学，许多学生只能上半天课程。此外，2019 年，工程处通过招募工资日结工、推迟退休年龄、减少设备和车辆维护费用等手段应对财务危机。[3] 二是按优先次序实施

---

〔1〕 联合国,第七十三届大会决议,联合国近东巴勒斯坦难民救济和工程处业务,A/res/73/94,2018 年 12 月 7 日,第 3 页。

〔2〕 《中国向联合国近东巴勒斯坦难民救济和工程处追加捐款》,https://baijiahao.baidu.com/s? id=1608211275876248904&wfr=spider&for=pc。

〔3〕 Relief and Works Agency for Palestine Refugees in the Near East, "Annual Operation 2019 for Reporting Period 01 January-31 December 2019",2020,p.8.

项目。工程处的业务分为教育、医疗等常规业务和紧急状态下的紧急业务，这些业务会因资金短缺被灵活安排。1957年，工程处暂停难民培训、个人借贷和在建工程等项目；1982年，工程处为保证其核心业务，中断向83万难民发放配给品，遭到了东道国和难民的普遍抗议，[1] 虽然联合国多次作出决议要求最大程度恢复配给品发放，但工程处以财务紧张和教育、医疗的优先地位不能减弱为由没有发放。三是通过制定六年期中期战略和二年期预算方案等措施，最大限度提高资金的透明度和效率，改善工程处的成本效益和资源调动。

第二，与以色列、东道国和难民的紧张关系对工程处的活动造成不利影响。

工程处在东道国雇佣大量雇员、管理庞大资产、实施大量项目、服务大批难民，不可避免地与东道国政府及难民产生摩擦和矛盾。工程处早期难民安置计划的失败，很大程度源于东道国和难民的抵制。工程处与难民也存在一定的紧张关系，难民普遍认为自身的苦难是联合国造成的，联合国理应为其负责。难民人数不断增长，捐款却无法获得持续稳定增加，工程处不得不根据项目的优先次序实施项目，削减或压缩的项目导致难民极为不满，难民甚至因此而游行示威。另一方面，自20世纪60年代以来，巴勒斯坦各类民族主义组织不断向难民团体渗透，它们甚至利用难民营、学校等联合国设施作为掩护从事反以活动，给以色列阻碍工程处业务开展和破坏联合国设施制造了借口。

与其他地区不同，工程处在加沙和叙利亚的活动因巴以冲突和叙利亚内战而遭受严重冲击。作为联合国大会附属机构，工程处法律人格可追溯至《联合国宪章》，理应享有《联合国特权与

---

[1] United Nations, "Report of the Commissioner General of the United Nations Relief and Works Agency for Palestine Refugees in the Near East, 1 July 1982–30 June 1983", General Assembly, Official Records: Eighth Session, Supplement No. 13 (A/38/13), New York, 1983, p. xiii.

豁免公约》中的权利。联合国 302 号决议第 17 条也支持工程处享有这一权利：请各相关政府给予工程处与之前给予联合国巴勒斯坦难民救济署同等之特权、豁免与便利，以及其他为完成其任务而必须一切特权、豁免与便利。但是，因对联合国学校教学内容、大量聘请难民教师和巴勒斯坦政治力量在难民营招募人员等现象不满，[1] 以色列不断诋毁工程处声誉，通过各种手段阻碍其活动。21 世纪以来，以色列多次在西岸和加沙地带展开军事行动，并设立关卡，轰炸难民营，阻止工程处雇员通行，造成大量联合国财产损毁和人员伤亡，2000—2008 年间共有 19 名工程处雇员被以色列杀害。[2] 加沙地区反抗以色列最为激烈，受到的打击也最为惨烈，工程处现今在该地区的物资运送和人员流动仍受一定限制。叙利亚内战也严重影响了工程处在该地区的正常活动，截至 2016 年，有 18 名工程处雇员被杀害。[3]

为顺利开展各项工作，工程处和东道国政府相继签署了相关协议，虽仍在雇员的招募、解聘，对联合国物资、工人薪水的征税，对难民服务项目的调整等方面存在一些争议，但并不妨碍工程处主要业务的开展，大多可以通过协商、仲裁等手段解决。针对以色列的诉求，联合国调整联合国学校使用的教材，增加人权、消解冲突和暴力、性别平等内容，[4] 对部分巴勒斯坦政治力量利用难民设施对抗以色列进行谴责。但同时，联合国大会每年都会通过决议，谴责以色列侵犯人权，要求以色列给予工程处

---

〔1〕 David P. Forsythe, "UNRWA, the Palestine Refugees, and Word Politics", *International Organization*, Vol. 25, No. 1, 1971, p. 36.

〔2〕 联合国，第六十三届大会决议，联合国近东巴勒斯坦难民救济和工程处业务，A/res/63/93，2008 年 12 月 5 日，第 2 页。

〔3〕 联合国，第七十一届大会决议，联合国近东巴勒斯坦难民救济和工程处业务，A/res/71/93，2016 年 12 月 6 日，第 5 页。

〔4〕 Ghassan Shabaneh, "Education and Identity: the Role of UNRWA's Education Programmes in the Reconstruction of Palestinian Nationalism", *Journal of Refugee Studies*, Vol. 25, No. 4, 2012, p. 449.

人员外交豁免权，保护联合国财产。遗憾的是，以色列并不认真遵守联合国决议，不断损毁联合国财产和难民营房屋，强制迁移难民，并对工程处业务开展设置各种阻碍。

第三，工程处业务开展因巴勒斯坦及其周边地区的持续动荡而存在极大的不确定性。

1967 年以来，阿拉伯国家与以色列、以色列与巴勒斯坦当局以及阿拉伯国家内部冲突不断，不仅巴勒斯坦难民群体受其影响，还不断产生新的流离失所和需要救济的人群，联合国每年都会要求总干事在可行范围内，继续向该地区那些受 1967 年 6 月以来的敌对行动影响而流离失所和急需持续援助的其他人群提供人道主义援助，并继续在实际可行的范围内，作为紧急情况下的一项临时措施，向该地区那些受工程处作业区域内近期危机影响而在境内流离失所、急需继续获得救助者提供人道主义援助。这些急需救助者，不仅包括因战争或迫害多次迁徙而无家可归、生活无着的巴勒斯坦难民，也包括受到影响的巴勒斯坦平民。此外，工程处正常业务同样受到该地区动荡局势的严重影响，如加沙和叙利亚地区的所有业务。21 世纪以来，以色列对加沙地区多次围攻，其封锁、轰炸加沙的行动给工程处的人员流动和物资运送带来了极大的困难，给包括难民营、学校在内的联合国财产造成了巨大损失，并导致一半以上的加沙人口急需粮食等紧急物资救援，影响了工程处其他核心业务的开展。叙利亚内战则造成大量在叙巴勒斯坦难民逃往约旦和黎巴嫩，在叙许多业务停摆后，工程处需要在约旦和黎巴嫩给予外逃的巴勒斯坦难民提供各种人道主义援助。

近年来，以色列和加沙关系持续紧张，黎巴嫩政局动荡，叙利亚局势也未完全稳定，该地区的政治生态仍相当脆弱。面对如此环境，工程处在不确定性中寻求确定，努力确保包括基础教育、医疗等在内的核心常规项目的实施，并制定作业区域的应急、复原、重建和发展方案。

五、结语

联合国近东巴勒斯坦难民救济和工程处现已发展为最大的国际组织之一，它在多个国家或地区开设办事处、联络中心，为560万多巴勒斯坦难民提供服务，负责运营有近170万难民居住的位于五个国家或地区的58个难民营，有雇员近3万人，其中当地雇员28 435人，国际员工180人。[1] 由于同情巴勒斯坦难民、支持工程处的世情未变，工程处虽处多种困境之中，但仍能够通过不断地改革，继续为巴勒斯坦难民提供各项服务，为稳定难民社会经济生活与地区秩序作出重要贡献。现从以下三个方面展望工程处的未来。

第一，工程处的命运取决于联合国大会，工程处仍需在相当长时间内为难民提供服务。

工程处是联合国为救助巴勒斯坦难民而设，其命运由联合国大会决定。2003年后，联合国大会多次申明在巴勒斯坦难民问题得到解决以前，工程处的工作必须继续下去，并强调其业务和服务对巴勒斯坦难民的福祉及对该区域稳定的重要性。2019年，"援助巴勒斯坦难民"和"联合国近东巴勒斯坦难民救济和工程处的业务"两个议案因绝大多数联合国成员国的支持而得以通过，仅有美国、以色列等不超过五个国家反对。从现状看，巴勒斯坦难民问题无法在短期内达成政治解决方案，但也不会在短期内失去国际社会的关心和同情，所以，联合国大会仍需要工程处

---

〔1〕 联合国.联合国近东巴勒斯坦难民救济和工程处2019年12月31日终了年度财务报告和已审计财务报表以及审计委员会的报告,A/75/5/Add.4,2020年,纽约,第12页。

在相当长一段时间内为巴勒斯坦难民继续提供各项服务。

第二，工程处的业务框架将保持基本稳定。

自 20 世纪 50 年代末以来，工程处的业务框架逐渐稳定，由帮助难民融入所在地经济和就地安置，逐渐转向为难民提供基础教育、医疗和社会救助等关键服务。此外，工程处在力所能及的范围内，还为紧急状态下的难民和其他人群提供临时的紧急救助，其核心目标便是维持难民生存、促进难民自立和保障难民人权。由于政治解决难民问题困难重重以及难民经济极端脆弱，工程处不会在短期内改变其核心目标，虽然资金紧张会严重影响其业务开展，但工程处可以通过调整和改革，维持其业务框架的基本稳定。2016 年后，为对接《联合国 2030 年可持续发展议程》，联合国秘书长提出了适用于巴勒斯坦难民社会的十项可持续发展目标，其中"教育、医疗"等目标的实现需要工程处的业务框架保持稳定。

第三，财务危机和地区动荡仍将是影响工程处运行的最重要因素。

2018 年前，美国一直是工程处的最大金主，但时任总统特朗普于该年取消了工程处最大一笔捐款，美国国务院又于 2018 年 8 月 31 日宣称不再向工程处提供资金，工程处不得不多方筹资弥补缺额。联合国大会多次讨论"摊款"等解决方案，但至今无法达成一致，而在世界银行设立信托基金和在伊斯兰开发银行设立捐赠基金方面，还未见成效。针对财政紧张局面，工程处不得不减少行政开支、压缩项目，严重影响其开展的某些核心业务。此外，巴勒斯坦及其周边地区的宗教、民族、经济等社会矛盾突出，极易引发地区局势动荡。与财务危机不同的是，地区局势动荡影响工程处在该地区所有业务的正常开展，甚至危及雇员的生命，如叙利亚内战导致的大量巴勒斯坦难民逃离和服务设施损毁，工程处不仅要为无家可归的难民提供临时紧急救济，还需要在局势平稳之后恢复其设施，并帮助难民进行社会重建。

共同社会主义思想观及意共对华关系

李　想　中国社会科学杂志社——中国社会科学网记者、编辑

内容摘要：2021 年，中国共产党迎来建党 100 周年，意大利共产党也经历了 100 周年。历史上，中意两国关系因意识形态的差异和国际局势的复杂变化经历了巨大的波折。但共同的社会主义思想观，使得意大利共产党在助推两国关系发展方面发挥着重要的作用。1970 年，中国和意大利两国建立外交关系，两国共产党的交往更加深入，对两国关系的发展产生重要影响。但目前，国内关于两国共产党交往历史的研究仍薄弱。本文将从意大利共产党的发展历史角度出发，探索意大利共产党与中国共产党之间的交往和意大利共产党在中意关系发展中扮演的角色，探索两党如何推动国家发展、如何推动两国关系发展以及如何为解决世界性问题发挥作用。

关键词：意共　社会主义　两党关系　中意关系　100 周年

　　在 20 世纪 50 年代至 60 年代，意大利共产党（Partito Comunista d'Italia，PCI）是意大利与新中国开展交往最重要的参与者之一。[1] 受当时复杂的国际局势影响，意大利国内对是否与新中国建立外交关系持有不同的声音。但意共始终支持与新中国建立外交关系。在意共看来，新中国在未来的国际秩序构建中将扮演重要的角色，将为维护世界和平作出重大贡献。历史上，意共人士在与中国增进互信、促进人文交流乃至加强全球治理合作等方面发挥着重要的作用。2021 年，中国共产党迎来建党 100 周年，意大利共产党也经历了 100 周年。100 年间，意共与中共虽经历了不同的道路发展，但在探索社会主义道路的进程中建立了深厚友谊。[2] 今天，虽然意共已更名为"意大利重建共产党"（Partito della Rifondazione Comunista，PRC-SE），但仍旧保持着原意共的本色，坚持社会主义思想。在对外交往方面，意重建共仍将中国视为重要的伙伴。2016 年，意共在经历挫折后重新回归意大利政坛，重新开启了与中共交往的历史。

　　本文将从历史角度出发，沿着意大利共产党与中国共产党交流历程的时间线，探索两党在交流过程中展现的共同价值观及意共在中意关系发展中所起的推动作用。

　　[1]　Guido Samarani，"In the '50s and Early '60s the Italian Communist Party (ICP) Was One of the Main Actors (Together with the Italian Socialist Party) Involved in Informal and Unconventional Diplomacy between Italy and the People's Republic of China (PRC)"，in Keith R. Wilson，ed. *Roads to Reconciliation*，Lexington Books，2005，p. 35.

　　[2]　毛罗·阿尔博雷西著，李惟译:《百年中国共产党的成就具有重要的世界意义》，载《世界社会主义研究》，2020 年第 12 期，第 70 页。

一、意大利共产党发展史

（一）1921—1945 年：在反抗独裁中壮大

1921 年 1 月 21 日，在意大利城市里窝那，意大利共产党宣告成立，其成员主要由意大利社会党的左翼成员组成，安东尼奥·葛兰西（Antonio Gramsci）和帕尔米罗·陶里亚蒂（Palmiro Togliatti）共同为意共的创始人。阿戈斯蒂在《意大利共产党历史：1921—1991》（Storia del PCI：1921-1991）一书中指出，受俄国十月革命影响，整个欧洲开始了社会主义运动。许多国家为重新建立民主政权而战斗。意共是在欧洲社会主义运动的影响下成立的。起初，意共是一个秘密政党，但通过团结意大利民众，意共逐步获得了广泛的民意基础，并逐步发展壮大，成为意大利的合法政党，[1] 并逐渐成为西欧国家的大党。意共的发展历史可被概括为是一个抗争史，在抗争中，意共不断壮大。

1926 年，意大利法西斯执掌政权，而意共是唯一一个与法西斯政府作斗争的意大利政党，因此意共也被意大利政府列为非法组织。为了与法西斯政府战斗，意共在国内建立了多个联络点，所有的行动都是秘密进行。意大利法西斯政府为镇压意共投入了巨大的资源。起初，意共损失惨重;[2] 不过，面对政府镇压，意共并没有放弃反抗，他们通过广泛地宣传社会主义思想，得到了国内民众的支持，为后来推翻法西斯政权奠定了重要基础。

二战期间，意大利墨索里尼政府与纳粹德国政府、日本军国主义政府形成了法西斯轴心国。对外，意大利出兵侵占了埃塞俄

---

〔1〕 乔治·阿门多拉著，黄文捷译：《意大利共产党历史：1921—1943》，北京：人民出版社，1992 年版，第 21 页。

〔2〕 Alberto De Bernardi, "Il ruolo del Partito comunista nella storia d'Italia", http://www.associazionestalin.it/PCI_4_intro.html.

比亚、吞并了阿尔巴尼亚，并支持德国武装干涉西班牙内政；对内，受纳粹德国的影响，反犹太人运动在意大利蔓延。此外，受战乱的影响，意大利的经济发展受到了严重的打击，墨索里尼政府的信任度丧失，坚定了民众推翻法西斯政府的决心。作为反法西斯主要力量，意共获得了宝贵的发展机会。1943年，墨索里尼政府倒台，巴多里奥政府宣布对德宣战，意大利从法西斯轴心国变成"协同参战国"。1944年，从苏联回国的意共领导人陶里亚蒂，带领意共与意大利人民共同抗击法西斯。意共选择抗击法西斯是历史的正确选择，这一选择为战后意大利发展提供了重要的机遇。[1]

（二）二战之后：政坛中的主要力量

1956年，意共召开第八次全国代表大会，在此次大会上，意共主张对意大利进行结构性调整。意共提出对社会结构、政治关系、生产结构与社会群众基础进行调整，解决意大利广泛存在的社会问题，改善国民经济发展。1960年，在意共第九次全国代表大会上，意共提出了结构改革理论，成为当时意大利发展的主要政治目标。

20世纪70年代，欧洲进入发展黄金期，给意大利的发展提供了一个新的机会。此时，意共在推行社会民主化的进程，民主化进程极大地促进了意大利政治发展，意共的发展也进入到一个黄金时期。[2]意共在国际舞台上也发出了与当时西方国家不同的声音。这一阶段，意大利与中国建立了外交关系，同时，意大利支持中国恢复在联合国的合法席位，并积极为世界和平发声。意共曾多次表示，意大利不应当受美国主导，应当走独立自主的

〔1〕 倪力亚、李景治:《意大利共产党人对社会主义道路的探索》，上海:学林出版社，1990年版，第113页。
〔2〕 于海青:《意大利重建共产党的理论政策调整及面临的问题》，载《当代世界社会主义问题》，2004年第1期，第77页。

发展道路。但是到 20 世纪 80 年代，意共发生了巨大变化。意共放弃传统的共产主义思想，认为马克思主义只适用于对西方社会的批判，而不再适用于国内发展道路。马克思列宁主义在意共内部不再被信仰，葛兰西的思想也不再成为主导。意共的发展出现了巨大的动荡。

20 世纪 90 年代，苏联及东欧的社会巨变给国际社会主义阵营带来了巨大的震动，东欧社会主义国家放弃了社会主义道路，而西欧国家共产党的发展更是在逐渐静默。欧洲社会主义的瓦解也给意共带来了巨大影响，意共内部出现分裂，许多成员认为社会主义已经过时，应当选择社会民主主义发展道路。1991 年，意大利共产党更名为"左翼民主党"，但仍有部分坚持共产主义信念的成员发起"重建运动"。1991 年 12 月 12 日，重建运动与拥有 7000 多名成员的无产阶级民主党合并，正式成立意大利重建共产党，简称"重建共"。重建共既是原意共遗产的主要继承者，也是一个革新的共产主义政党。创始人是阿曼多·科苏塔（Armando Cossutta），目前党主席为毛里奇奥·阿切尔博（Mauricio Acerbo）。

2016 年，意共时隔 25 年重新回归意大利政坛，毛罗·阿尔博雷西（Mauro Alboresi）担任意共总书记。重新组建的意大利共产党由重建共与意大利共产党人党的部分成员组成。其党章以意大利共产党从葛兰西到贝林格时期最优良的政治和意识形态遗产——葛兰西和陶里亚蒂的思想、意大利左翼和工人运动、意大利共产主义和国际共产主义运动等最优良遗产为思想基础，以马列主义和科学社会主义优良的经验为指导，以成功的反帝国主义和平运动、环保主义运动、平权运动的经验为借鉴。[1]

---

〔1〕 李凯旋：《意大利共产党加强党的建设的理论与路径评析》，载《科学社会主义》，2019 年第 3 期，第 145 页。

（三）意共的对外政策发展

意共自成立以来，始终重视对外关系发展。二战期间，意共为反法西斯战争作出了重大的贡献。在冷战期间，虽然意大利属于以美国为首的资本主义阵营，但意共与苏联等东欧国家保持着密切的关系。1949 年，意大利加入北约，但受到了意共与天民党的坚决反对。[1] 1957 年，意大利加入欧共体，欧共体被意共视为美国统治欧洲的工具，因此受到了意共的强烈反对。[2] 由于与美国的价值观相左，意共也因此被美国视为"眼中钉"，在美国的许多政客看来，意共的发展必将严重影响到美国在欧洲的利益。此外，意大利许多亲美政党也在试图打压意共的发展。尽管如此，意共仍然在夹缝中生存，走出了一条不同于意大利政府的对外关系发展道路。

意共长期受打压的情况直到 20 世纪 60 年代初才有所改善。此时，二战后的意大利百废待兴。随着意大利加入欧共体，国家的发展迎来了新的机遇，意大利期待寻求独立自主的发展道路，但美国仍旧严格控制意大利的发展，意美关系出现裂痕。意共的反美声音也逐渐获得了国内的认可。与此同时，意共的对外关系思路也随着国际格局的变化而改变。之前，意共反对欧共体，但随着欧共体带动了意大利政治与经济的发展，工人阶级的生活水平显著提高，意共也逐渐意识到了欧共体的重要性。

1964 年，陶里亚蒂在他的著作《雅尔塔备忘录》中表示："欧洲反动集团虽然通过共同市场的活动使垄断资本主义得以加强，但意大利共产党仍可以利用这些有利的条件，在属于资产阶

〔1〕 史志钦：《冷战期间的意大利共产党及其与西方关系的演变》，载《河南师范大学学报》，1999 年第 2 期，第 8 页。
〔2〕 Celeste Negarville, *I tratatti ' europeistici nel quadro dell' attuale politica dell' imperialismo*, Rinascita 17, 1975, p. 80.

级的国家内部争取更多的参政机会。"[1] 在意共看来，欧共体的建立进一步促进了欧洲各国的交流，体现出欧洲希望获得独立自主发展的强烈愿望，欧共体有助于欧洲国家摆脱美国控制，促进欧洲统一。

20 世纪 70 年代，随着自身影响力逐渐扩大，意共也逐步形成了独具特色的外交思想。1973 年，意共中央在一项关于欧共体的决议中声明："意共准备致力于欧洲的团结，但同时要求实现欧共体的民主化；其最终目的是要争取一个独立的欧洲，既要同苏联等国家保持友好关系，也要同美国保持友好关系。同时，还要同发展中国家建立新的关系。"在发展中国家中，与中国建交被认为是意共一个巨大贡献。除了与发展中国家建立外交关系外，意共也在为全球和平发展发声。[2] 意共认为，只有一个多极化的世界才有利于推动世界和平，有利于各国互利共赢。

冷战结束以后，重建共延续了意共的对外政策的理念，反对资本主义全球化，倡导自由、民主、和平。另外，重建共认为世界各国的左翼政党应当广泛交流，分享内政外交等的重大问题的处理经验，建立反对资本主义、追求自由和民主的新兴政治力量。

进入 21 世纪，中国的发展令世界瞩目，同时也给西方国家带来了巨大的冲击，美国和一些西方反华势力开始利用各种方式打压中国，企图遏制中国的发展。2016 年重返政坛后，意共始终站在中国一方，认为西方国家对中国的认识不应该带有偏见，应当认识到中国为历史所作出的贡献。2021 年 5 月，意大利共和国前参议员、意大利共产党国际部前主任弗斯科·贾尼尼表示："当

---

〔1〕 Palmiro Togliatti, *The Yalta Memorandum*, Soviet Union: ACT Press, 1964, p. 10.

〔2〕 Sergio Romano, "Italia e Cina, la lunga marcia del riconoscimento", https://www.social-ismoitaliano1892.it/2019/03/23/dal-diario-di-viaggio-di-nenni-in-cina/.

今世界的共产党，左翼人士和民主人士的最主要任务是捍卫和平，反对美国和北约一切针对中国和俄罗斯的具有冷战色彩的行径。"[1] 可以发现，意共与中国在对外政策上有着许多相似之处，而意共支持中国的态度也体现出其珍视与中国的伙伴关系。

二、中意共产党交流史

1970 年 11 月，中国政府和意大利政府签署《联合公报》，宣告两国正式建立外交关系。实际上，在两国正式建立外交关系之前，两国共产党就已进行了多次交流，为推动两国建交起到了重要作用。

（一）新中国成立：初次相逢，共同价值观加深交流

中意共产党的初次接触可以追溯到新中国成立前夕。1949 年 9 月，时任意共最高权力机构成员的韦利奥·斯帕诺（Velio Spano）以意共机关报《团结报》（L'Unità）记者的身份来到中国，见证了中华人民共和国成立的重要时刻。斯帕诺发现，中国共产党为中国革命的胜利作出了巨大牺牲。从中国革命的成功可以看出，中国共产党是一个捍卫民主与和平的政党。[2] 虽然斯帕诺在中国只有不到一年的时间，但他对新中国印象深刻。回国后，斯帕诺积极地在党内讲述在中国的所见所闻，意共对中共有了新的认识。

1953 年，"促进与中国经济文化关系研究中心"（Il Centro per le relazioni economiche e culturali con la Cina，以下简称"研究中心"）在意大利成立，创建者是意大利前总理费鲁乔·帕里。该机构成为中意双方共产党建立联系的重要渠道，在推动中意两

〔1〕 弗斯科·贾尼尼著，李凯旋译：《中国特色社会主义为世界社会主义运动作出了巨大贡献》，载《光明日报》，2021 年 5 月 31 日，第 12 版。

〔2〕 Velio Spano, Nella Cina di Mao Ze Dong, Milano：Sera Editrice, 1950.

国经济与文化直接交流的同时，对促使意大利承认中国在联合国的合法性起到了积极作用。[1]

除了研究中心外，意大利共产党青年联盟（以下简称"青年联盟"）同样在与中国共产党的联络中起到了重要作用。1955年，青年联盟领导机构发布了《青年推动独立与和平外交政策倡议书》。该倡议书从意大利的国家利益角度出发，强调了意大利与社会主义国家进行交流的重要性。倡议书的颁布进一步推进了中意建立外交关系的工作。[2] 青年联盟还在为让意大利与欧洲国家了解中国、帮助新中国增强国际影响力方面起着重要作用。1953年，青年联盟全国秘书处成员雨果·彼齐奥利（Ugo Pecchioli）受邀来到中国参加中国新民主主义青年团（中国共产主义青年团前身）第二届全国代表大会。[3] 这次中国之旅让彼齐奥利对新中国有了全新的认识，"我认为，中国人民的一个最伟大之处在于凡事能够向前看，有耐心且竭尽全力，不会因仓促决策而铸成大错。"[4] 在 1956 年之前，两国共产党的交流基本上以个人交流为主，但研究中心和青年联盟的纽带作用促进了双方的了解，为中意双方进一步的官方交流打下坚实的基础。

1956 年 9 月，中共八大在北京召开，50 个国家的代表团出席。意共派出三名代表团成员，包括毛罗·斯科奇马罗（Mauro Scoccimarro）、朱利亚诺·巴叶塔（Giuliano Pajetta）和达维德·拉约洛（Davide Lajolo）。斯科奇马罗在中共八大上发表讲话，称

---

〔1〕 Guido Samarani, e Laura De Giorgi, Lotane, vicine: Le relazioni fra Cina e Italia nel Novecento, Firenze: Carocci Editore, 2011, p. 108.

〔2〕 Guido Samarani, "In the '50s and Early '60s the Italian Communist Party (ICP) Was One of the Main Actors (Together with the Italian Socialist Party) Involved in Informal and Unconventional Diplomacy Between Italy and the People's Republic of China (PRC)", in Keith R. Wilson, ed. Roads to Reconciliation, Lexington Books, 2005.

〔3〕 同〔2〕。

〔4〕 Ugo Pecchioli, "Note di un viaggio nella Cina popolare: calamita che scompaiono", L'Unita, 1953, p. 3.

赞中国共产党领导的革命具有中国特色并取得了伟大的成就，强调中共的宝贵经验对于资产阶级民主革命的借鉴价值，强调新中国建设过程中的民主政治对于意大利无产阶级的指导意义。[1] 斯科奇马罗返回意大利后，向意共中央委员会详细汇报了中国的经验。意共中央委员会通过一项决议，题为《新中国如何建设社会主义》，赞扬了中国社会主义革命胜利的成果。[2] 在两国共产党开始交流后，走符合国情的社会主义道路成为两党之间讨论的共同话题，这一话题也逐渐促进了两国关系的发展。1956 年 12 月，中国共产党受邀参加意共第八次全国代表大会，陶里亚蒂提出了"意大利社会主义道路"的理念，明确指出各国应根据自身的具体情况实现社会主义。可以看出，中意两国共产党在"走符合自身国情的社会主义道路"的发展方向方面取得共识。

1959 年，意共派出七人代表团对中国的四个城市进行深入访问，团长是意共中央书记处书记贾恩卡罗·巴叶塔。代表团希望了解新中国在各领域的发展状况。访问期间，双方的主要领导人在北京进行了会面，双方会谈的主要话题包括将党的发展同国家和社会主义、国际主义紧密联系在一起，[3] 以及如何缓和国际局势、维护世界和平。[4] 4 月 19 日，时任中共中央政治局常委、中央书记处书记邓小平与贾恩卡罗·巴叶塔签署两党会谈公报，进一步深化了中意两党的政治关系。

20 世纪 50 年代，经历过战争洗礼后的中国和意大利都迎来了新的发展机遇期，这种机遇给中意两国共产党的交流提供了有力

---

[1] Franco Calamandrei, "Prime Eonsiderazioni sul Congresso Cinese: Lungo Colloquio tra Seoeeimarro eMao Tse—dun", *L' Unita*, September 26, 1956, p. 1.

[2] "Come la Nuova Cina Costruisce il Socialismo", in *lstruzioni e direttive di lavoro della Direzione del PCI a tutte le*, Federazioni, 10, 1956, pp. 157–158.

[3] APCI, Estero, Cina, mf. 0464, "Delegazione del PCI in Visita in Cina", 1959, pp. 2776–2953.

[4] 同[3]。

的保障。在冷战大背景下,两国共产党在多个领域的共识促进了两国的对话,为双方日后的建交打下了坚实的基础。此外,意共对中国的坚定支持,对中国恢复联合国合法席位发挥了积极作用。

(二)改革开放:超越价值观冲突的新型关系

从 20 世纪 60 年代至 70 年代末,新中国的外交迎来了高光时刻。除了与亚非拉等发展中国家建立外交关系外,与西方主要国家的建交进一步提升了新中国的国际影响力与国际声誉。但中国共产党的对外交流并不是一帆风顺的。虽然中意两国在 1970 年正式建立外交关系,但在建交前,两党由于一些价值观的冲突而中断了联系。20 世纪 60 年代,中苏关系急转直下,但意共与苏共保持着密切的关系,并表示要大力学习苏共模式。在国际共产主义运动大论战中,中国共产党曾发表文章批评意共的"修正主义"路线,进而中断了两党的交流长达 15 年。直到 1980 年,意共总书记恩里科·贝林格(Enrico Berlinguer)访华后,双方才重新建立联系。[1] 在此期间,苏联入侵阿富汗。作为一直倡导世界和平的政党,意共对苏联的侵略行为表示强烈反对。中意两国共产党的关系正常化由此出现了转机。[2]

1980 年 3 月 16 日,意大利《团结报》报道称贝林格将于 4 月到访中国。该则消息引起意大利国内和世界的高度关注,意大利各大媒体将其描述为"一个历史性事件"[3]。意共书记处书记贾恩卡罗·巴叶塔在《每日实事报》发文称,我们和中国共产党之间的交流存在着一些误会,此次出访是一次化解误会、重新恢复关系的好机会,我们要纠正之前的错误。[4] 在出访之前,世

---

〔1〕 杜艳华:《中国共产党对外党际交流史鉴》,上海:上海人民出版社,2011 年版,第 285 页。

〔2〕 Nuova Cina, *L'Unita*, gennaio 28, 1980.

〔3〕 "Prossima Visita a Pechino del Compagno Berlinguer...", *l'Unità*, Marzo 16, 1980.

〔4〕 Antonio Rubbi, *Appunti Cinesi*, Roma: Editori Riuniti, 1992, pp. 101-103.

界各国媒体对贝林格此次访华进行了猜想，出现了三种声音：第一种声音认为意共在试图与苏联拉开距离；第二种声音认为贝林格的出访是一种自然选择，旨在与各种国际参与者合作；第三种声音认为意共确定了新改革主义的战略路线。[1]

1980 年 4 月，贝林格率领代表团访华。贝林格访华正值中国进行改革开放的初期，中国希望认识世界、走向世界的愿望更加强烈，这为两党恢复关系提供了重要的机遇。时任中共中央总书记的胡耀邦接见了贝林格。中共中央对外联络部草拟了恢复两党关系的公报。这份公报从两国关系发展角度以及国际问题角度出发，分析了两党之前交流所存在的问题并提出了解决方案，表明了中国共产党与意大利共产党恢复关系的决心。

在意共代表团访华期间，胡耀邦与代表团总共进行了五次会谈，取得了许多重要成果。尽管两党在某些问题的认识方面存在差异，但面对不同的观点，双方力求通过交流来解决问题，并表明了希望通过不断的实践检验求得在马克思主义基础上共同进步和提高的意愿。[2] 此次两国共产党的会面不仅恢复了两党关系，也为今后两党如何看待问题、解决问题指明了方向，同时也为中国共产党与欧洲各国共产党的交流起到了示范性作用，做出了表率。

（三）新时期：彼此欣赏，深化伙伴关系

在意共更名为"重建共"后，1992 年，重建共派代表团到访中国。在其后的 30 年中，重建共通过党代会文件、代表团互访、领导人访谈及贺电（函）等多种方式与中国共产党进行着多维度

---

〔1〕 Clara Galzerano, "La Normalizzazione dei Rapporti tra il PCI e il PCC (1979-1980): Lo Sguardo dei Comunisti Italiani sulle Riforme di Deng Xiaoping", Tesi di dottorato, Universita Ca' Foscari Venizia, 2017.

〔2〕 杜艳华：《中国共产党对外党际交流史鉴》，上海：上海人民出版社，2011 年版，第285 页。

的交流。意重建共主要在以下几个方面对中国共产党执政理念表示肯定。第一，中国改革开放取得巨大成就，表明了中国共产党理论与实践逻辑的正确性和合理性；第二，中国党和政府实现了对社会主义模式的成功探索，为那些根据本国实际创造性地发展马克思主义的各国共产党提供了独特经验；第三，中国所进行的社会主义认识与探索具有重大国际意义，对意重建共如何认识新时代的社会主义产生重要影响；第四，承认对中国特色社会主义理论存在误读。[1]

当 2016 年意共重回政坛后，中国的发展已经进入新时期，中国的国际影响力日益提升。中国的全球治理观念也获得了意共的认可。2020 年，新冠肺炎疫情蔓延全球，中国迅速果断地处理疫情的表现赢得了世界的认可。2020 年 3 月，中国援助意大利抗击疫情时，意共国际部主任弗朗切斯科在意共官网发文感谢中国的援助。在中国援助各国抗击疫情的过程中，一些西方国家肆意抹黑中国，意大利的一些官员对此进行了批驳。意大利共产党强烈谴责各种关于新冠肺炎疫情荒谬信息的传播活动，对中国人民的抗疫行动表示无条件的声援。

2021 年，在中国共产党成立百年之际，许多意共党员肯定了100 年来中国共产党在社会主义理论发展与实践的突出成就。2021 年 6 月 19 日，意大利二十一世纪马克思政治文化协会举办线上论坛，主题为"一百年，新时代"。意共总书记里佐认为，中国共产党以富有智慧的领导方式建立政权、治理国家，这背后一个重要的条件是与人民群众之间的紧密联系。如果没有与人民的血脉相连，实在难以想象能够取得今天举世瞩目的巨大成

---

[1] 代金平、钟连发：《意大利重建共产党社会主义观及其评析》，载《理论视野》，2019年第 5 期，第 90 页。

就。[1] 意大利共产党总书记阿尔博雷西认为:"中国特色社会主义理论完全在马克思主义思想的大框架内,并且汲取了世界社会主义运动中积累的经验。我们所看到的是一段全新的实践,是建设社会主义现代化的一系列有效做法,这是中国共产党对全球社会主义事业作出的巨大贡献。"[2]

三、意大利共产党的思想观

中意两国共产党自成立以来,经历了一些相似的历史阶段。由于中意两国国情与意识形态的差异,两国共产党在思想观与国家治理等方面存在许多不同点,但如同上文所述,不论是世界观还是价值观,两国共产党有着相似之处。历史上,两国共产党在诸多问题上都达成过共识,在全球社会主义发展进程中起到了推动作用。今天,意共虽然不再是意大利国内的主要政治力量,但凭借着其马克思主义与共产主义信仰,百年的历史思想积淀给意大利的政治与社会发展留下了宝贵财富。

(一) 团结人民群众为和平战斗

历史上,凡是欺压人民的利益集团都将是人民讨伐的对象,政权难以长久。从成立初期,两国共产党就意识到了人民对政党的重要性,两党的成长壮大离不开民意基础。在依靠人民的基础上,两国共产党也提出了诸多深刻的理论。在俄国十月革命后,受列宁主义的影响,葛兰西从意大利实际情况出发,对其思想进行了发展。在国家学说领域,将列宁的"政治社会" (镇压机器),发展为"政治社会+市民社会"。在意识形态领域,将列宁

---

〔1〕 宋承杰:《意大利马克思主义政党领导人:与人民紧密相连是中国共产党取得成功的重要原因》,https://baijiahao.baidu.com/s? id=1703153799279261300&wfr=spider&for=pc。
〔2〕 同〔1〕。

的政治领导权发展为意识形态领导权。列宁强调爆发革命时期的领导权，葛兰西强调贯穿资本主义整个时代的领导权；列宁强调创建无产阶级国家的领导权，葛兰西则强调创建和巩固无产阶级国家的领导权。葛兰西即使在被捕入狱后，仍不忘记强调人民的重要性。他在《狱中札记》中写道："对于主要统治集团强加于社会生活的总方向，人民大众给予'自发的'首肯；这种首肯是由统治阶级因其在生产界的地位和职能而享有的威望'历史地'所引发的。"[1] 陶里亚蒂将"扩散因素"解读为群众支持。在他看来，意共获取政权离不开群众的支持。

意大利在法西斯独裁统治时期，意共以秘密组织的形式行动，反对专制独裁。墨索里尼政府将其视为一个非法组织，除了逮捕共产党员外，还通过舆论的方式打压共产党，遏制共产主义发展。[2] 实际上，相较于其他欧洲国家，意大利的社会主义运动发展较晚，但一开始就获得了民众的支持。[3] 特别是在二战期间，随着盟军夹击亚平宁半岛、意大利经济的迅速衰退，越来越多的民众加入到了反抗法西斯政府的运动中。二战给意大利民众带来了巨大的痛苦，但对于这个国家的集体主义思想方式具有深远的影响。[4]

在二战期间，"萨莱诺转折"正是意共团结人民群众的重要事例。萨莱诺策略的核心是与当时的巴多里奥政府合作，废除君主制、废除专制，在国内实行民主共和制。该策略使意共重新回归政府，获得了意大利国内的合法地位；同时也使其获得了广泛

---

〔1〕 安东尼奥·葛兰西著，曹雷雨、姜丽、张跣译：《狱中札记》，北京：中国社会科学出版社，2000 年版。

〔2〕 Palmiro Togliatti, *Il Partito Comunista Italiano*, Milano: Nuova Academia Editrice, 1958, p. 2.

〔3〕 同〔2〕, p. 11.

〔4〕 萨尔沃·马斯泰洛内著，陆象淦译：《意大利近代史研究中的若干倾向》，载《国外社会科学》，1984 年第 5 期，第 10 页。

的民众支持，极大地扩大了其在国内的政治影响力，而群众的团结加速了法西斯统治的灭亡。"萨莱诺转折"成为意共发展历史上浓墨重彩的一笔。二战后，意共转向国家建设，为意大利战后和平建设作出了努力。[1] 意大利政府逐渐意识到了人民群众的重要性，在宪法中强调"意大利是以劳动为基础的民主共和国，主权属于人民"[2]。这一思想的形成离不开意共所作出的贡献。

（二）走符合国情的发展道路

在中意两国共产党交流的历史中，走符合国情的社会主义发展道路成为主要话题之一。意共对中共走符合自身国情的社会主义发展道路表示认可。冷战时期，美苏两国的博弈对中意两国的发展带来了不利影响。但中意两国共产党根据自身的国情，展现了与霸权力量作斗争的决心与信心。今天，受到不同国情的影响，中意两国的发展状况大相径庭。中国在中国共产党的领导下，正在向社会主义强国迈进。但是，受国内多党政治斗争的影响，意大利两极分化严重，南北发展不均衡的状况日益明显，加上全球性经济危机与国际非传统安全因素的影响，国际影响力日益衰落。

二战后，意共提出了结构性改革理论，认为应该对资本主义社会存在的诸多弊端，进行迫在眉睫的政治及经济体制改革，明确表示应该走适合本国国情的社会主义道路。[3] 在1948年的意共第六次全国代表大会上，意共提出了结构改革理论，明确表示将走适合本国国情的社会主义道路。[4] 该理论的内容主要涉及

---

〔1〕 周华平、魏飞建：《萨莱诺转折：意大利共产党的历史性抉择》，载《社会主义研究》，2016年第4期，第140页。

〔2〕 Governo Italiano, *Constituzione della Repubblica Italiana*, Dicembre 7, 1947.

〔3〕 倪力亚、李景治：《意大利共产党人对社会主义道路的探索》，上海：上海学林出版社，1990年版，第17页。

〔4〕 李艳：《意大利共产党的经济社会结构改革理论》，载《经济研究导刊》，2016年，第31期，第168页。

经济和政治两个方面。在经济方面，意共的目标是消除国内的不平等现象；在政治方面，旨在打破资产阶级的垄断，通过团结人民群众与议会斗争的方式，使工人阶级进入国家的领导阶层，逐步改革国家的内部结构和政治体制，实现工人阶级夺取政权和领导国家的目的。[1] 1956 年，陶里亚蒂表示苏联的道路不是独一无二的。在同年举行的意共八大上确立了"走意大利的社会主义道路"（via al Italiano socialismo）[2]，明确了从意大利国内实际情况出发的社会主义发展道路，这对意大利二战以后的发展产生了积极影响。当时，意大利国内的一些政党批评意共的不作为，但这一理论让意共有力回击了批评。[3]

20 世纪 70 年代，意大利的经济繁荣也使意共的发展进入黄金时期，力量不断扩大。但是，到 1986 年，意共的发展进程出现偏差，时任意共总书记奥凯托提出了"新道路"策略，这一策略取消了民主集中制原则，代之以"内部民主"，放弃了社会主义道路，强调实现全民民主化是基本目标。可是，这一策略不但没有实现意共的发展，反而成为意共分裂的导火索。[4] 1991 年意共解散重组后，作为意共遗产的主要继承者，重建共虽然也在努力寻求符合国情的发展道路，但由于其发展理念系统性弱、理论政策充满矛盾，发展思想无法适应意大利社会主义的发展。2016 年意共重新回归意大利政坛后，由于力量薄弱，很难成为意大利政治与社会发展的主要力量。如何提升自身在国内的话语权，成为意共重获生机、推行社会主义思想的主要问题。

---

〔1〕 Partito socialista italiano, "Dizionario di Storia", https://www. treccani. it/enciclopedia/partito-socialista-italiano_%28Dizionario-di-Storia%29/.

〔2〕 Aldo Agosti, *Palmiro Togliatti: A Biography*（*Communist Lives*）, I. B. Tauris, 2008, p. 66.

〔3〕 Jacopo Perazzoli, "La via Italiana al Socialismo", https://fondazionefeltrinelli. it/la-via-italiana-al-socialismo-lviii-congresso-nella-storia-del-pci/.

〔4〕 于海青:《意大利重建共产党的理论政策调整及面临的问题》，载《当代世界社会主义问题》，2004 年第 1 期，第 77 页。

（三）坚定维护世界和平

自冷战开始后，中意两国共产党就一直为维护世界和平、重建世界和平积极发出自己的声音。冷战期间，中意两国属于不同的阵营，但两国共产党反对霸权、维护世界和平的信念根本上是一致的。最初，两党对如何维护和平存在一些分歧。有学者在 20世纪 60 年代对中意两党关系进行研究时发现，两党的分歧主要聚焦在对苏联对外政策的态度上。[1] 当时，苏联政府主张通过核武器来遏制美国的霸权主义。这一主张得到了包括意共在内的一些欧洲国家共产党的支持。因此，在这一时期如何维护和平一直是两党激烈讨论的主要话题。不过，虽然在如何维护和平上存在分歧，但这种分歧反映出中意两党对维护世界和平承担着共同责任，而通过对维护和平的探讨也进一步深化了两党的关系。

20 世纪 50 年代，意共领导人寻求在国际共产主义运动中扮演更为独立重要的角色，意共主要的国际活动是争取和平、裁军和推动构建国际经济新秩序。冷战期间，意共反对美苏争霸与"分割欧洲"，积极组织和支持反核运动。1954 年，陶里亚蒂就提出了核战争将毁灭世界的观点，极力反对核战争。此外，意共还主张避免形成军事对抗集团、奉行和平共处的战略，陶里亚蒂为此提出了"多中心主义"（Policentrism）。[2] 意共提出这一系列思想的主要目的是能够使意共在外交舞台获得更多自主权。在1955 年印尼万隆会议之后，"不结盟"成为外交领域的一个重要理念。意共也在全球外交舞台上积极宣传"不结盟"。中共与意共的和平理念在当时就已经有很多共同点，这进一步促进了两党

---

〔1〕 Guido Samarani and Sofia Graziani,"Socialism and Revisionism: The Power of Words in the Ideological Controversy Between the ICP and the CCP(Late 1950s–Early 1960s)",*Studi di Storico*,2013,p. 77.

〔2〕 Alexander Hobel,"Il PCI Nella Crisi del Movimento Comunista Internazionale tra PCUS e PCC(1960–1964)",*Studi Storici*,Vol. 46,Issue 2,2005,pp. 546–547(quotation at p. 516).

关系的深化。

1962 年后，中意两党出现了分歧。当时，意共主张通过和平民主的方式向社会主义过渡，这是典型的"意大利社会主义道路"。但中共认为只有通过阶级斗争才能够实现和平、实现社会主义发展目标。意共的主张被中共批评为"修正主义"。尽管如此，一些意共党员仍抛开意识形态的冲突，对中共给予充分理解。在陶里亚蒂逝世前起草的一份备忘录上，明确提出意大利要走符合自己国情的社会主义道路，并表明对中共的批评予以充分理解。陶里亚蒂曾多次鼓励意大利各界与中国进行深入交流，并建议意大利政府承认新中国在联合国的合法地位。[1] 陶里亚蒂的态度进一步促进意大利政府和意大利其他政党在国际舞台上为中国发声。意大利各界普遍认为，中国加入联合国将为世界和平贡献更多智慧。[2] 在陶里亚蒂逝世后，意共继续为恢复与中共两党关系作出不懈努力，但受当时国际局势的影响，意共的努力未取得明显效果。

1980 年，贝林格访华，中意两党关系重新恢复。贝林格早在 1979 年意共十五大时就曾表示："中国能够而且也应该是争取和平、人类进步的重要力量。"从这句话可以看出，贝林格已经表达出与中国共产党恢复关系的诚意。在意大利国内，贝林格也在努力使意共成为一个维护和平的政党。1982 年，他强调在推行国际主义的道路上，应当尊重各国共产党主权统一的原则，坚持各个政党的独立自主、平等，不干涉别国内政。[3] 这些原则均与中国共产党的和平理念相互呼应。

2016 年，意共重回意大利政坛，再次为意大利社会主义道路发展注入新动力，也为维护全球和平发出坚定声音。2016 年，意

---

〔1〕 Palmiro Togliatti, *Il Memoriale di Yalta*, Palermo: Sellerio Editore, 1988.

〔2〕 Mario F. Pini, *Italia e Cina, 60 Anni tra Passato e Futuro*, L' Asino Editore, 2011.

〔3〕 谦文:《从贝林格葬礼看意大利共产党》,载《国际展望》,1984 年第 13 期,第 19 页。

共在党内文件中，对北约 2011 年空袭利比亚的行为进行了猛烈抨击。他们认为，此次空袭加剧了难民危机，给欧洲的难民管控与边境安全带来了巨大的压力。此外，在随后的五年中，意共还反对民粹主义，认为民粹主义将加剧欧洲发展倒退，使各国更加孤立。[1] 虽然意共反对欧盟，但一直认为欧盟各国应当加强团结。

2021 年 1 月 16 日，意大利前总理、前意共总书记马西莫·达莱玛（Massimo D'Alema）在庆祝意共成立 100 周年仪式上发表讲话时表示，意共重返政坛时间虽短，但对意大利的政治发展来说是一股不可忽视的力量；强调意共坚决反对恐怖主义，不论在国内还是欧洲，为反恐、维护国家安全方面提供了重要的思路；[2] 指出政党政治应该是为人民服务，而不是仅服务于一些利益集团。这些观点都是当前党际关系中的重要话题，为推进世界社会主义的发展起到促进作用。

重新回归政坛后，意共成员仍然在中国与欧洲的媒体积极发声，支持中国的外交理念。意共赞赏中国的多边主义外交思想。虽然意共在意大利政坛还不是一个主要力量，但意共的声音在促使欧洲国家改变对华态度、推动多边主义、构建世界秩序与维护世界和平方面将起到积极作用。意共的言论体现出其愿与中共一道共同参与到维护世界和平的进程中。2015 年，达莱玛表示，中国在维护世界和平、构建以多边主义为基础的国际秩序方面承担着越来越重要的责任。[3] 2019 年，意共党员、意大利新丝路促

---

〔1〕 Francesco Galofaro, Le prefazioni del Manifesto, "Colpo d'occhio sullo Sviluppo del Marxismo in Italia", *Marx Ventuno*, Nos. 1-2, 2018, p. 150.

〔2〕 "D'Alema inaugura la mostra sui 100 anni del PCI: 'abbiamo insegnato ai lavoratori il senso della loro dignità', il caffe Quotidiano", http://www.ilcaffequotidiano.com/2021/06/16/dalema-inaugura-la-mostra-sui-100-anni-del-pci-insegnato-ai-lavoratori-senso-della-dignita-video/.

〔3〕 刘湃：《中意关系的昨天、今天和明天——专访意大利前总理达莱玛》，https://4g.dahe.cn/mip/news/20150317104560735。

进会会长弗朗切斯科·马林乔在看到香港暴力事件时，抨击了美国以"人权"名义干涉别国内政的罪恶行径。2021 年，在中国共产党成立 100 年之际，意共总书记阿尔博雷西赞扬了中国的人类命运共同体理念，同时抨击了美国的单边主义。在他看来，单边主义不利于维护世界和平的发展。

四、意大利共产党发展的局限性

2021 年，中意两国共产党都迎来了建党 100 周年，但是两国共产党的发展轨迹截然不同。中国共产党已经发展成为世界第一大党，为中国与世界发展起到了积极的推动作用。而意大利共产党虽然也经历过辉煌发展时期，也提出过许多思想理论，但受到国内政治影响，加上左翼政党内部不团结，意共曾经历分裂。虽然 2016 年重回政治舞台，但与其他政党相比还无法形成主要力量。意共的分裂值得反思，将从以下三个方面来分析意共衰落的原因。

第一，缺乏统一的思想。在 20 世纪 80 年代之前，意共经过了多次改革，但已脱离了社会主义发展道路。克里斯·舒尔（Cris Shore）在《意大利社会主义》（*Italian Communism*）一书中指出，频繁的改革已经让意共变成了一个不定性的政党。[1] 虽然葛兰西从意大利实际情况出发发展了马克思主义思想，成功推翻了意大利法西斯政府，但随着冷战的爆发，葛兰西的思想被逐步抛弃。在 1979 年意共十五大以后，马克思列宁主义也遭多数意共党员反对。党代表大会决议还指出："我们并不认为马克思、恩格斯、列宁的思想是一个理论体系。因此，我们认为'马克思

---

〔1〕 Cris Shore, *Italian Communism: The Escape from Leninism*, London: Pluto Press, 1991, p. 177.

列宁主义'这种提法不能表现我们整个理论和思想宝库的丰富性。"[1] 1983 年的意共十六大上，马克思主义、列宁主义与苏联社会主义模式被意共彻底否定。传统社会主义思想与理论体系的丧失，导致意共思想混乱，进而走向分裂。在 2016 年重返政坛后，如何获得强大的领导力是意共在意大利政坛立足的关键。目前，除了关注中国之外，意共还关注其他国家的社会主义发展和政党执政模式。2021 年 2 月 3 日，阿尔博雷西在接受越南通讯社采访时，高度评价了越南共产党十三大的成功。

第二，缺乏统一的领导。意大利共产党虽然也在为发展社会主义过程中付出巨大的努力，但意共在发展道路上并没有一个强有力的领导。虽然葛兰西、陶里亚蒂与贝林格等主要领导人提出过创新的思想，但受到国内多党制的影响，加上国际形势的制约，这些主要人物的思想难以得到实现。1991 年意共解散后，意大利其他的左翼政党很难形成一个强有力的领导，阻碍了意大利社会主义的发展。目前，意共在国内党派中的话语能力较弱，很难在意大利担当大任。

第三，缺乏有效率的实践。虽然葛兰西与陶里亚蒂均提出了意大利应当走符合自身国情的社会主义发展道路，但从目前来看，"意大利社会主义道路"还仅仅是一个空洞的概念，完全没有实践的基础。此外，"意大利社会主义道路"的定义非常模糊，没有具体的政策措施。比如，为解决意大利"南方问题"提出有效的方案、如何应对黑手党与犯罪问题等。

[1]《意大利第十五次代表大会提纲》，载《欧洲共产主义资料选编》（上卷），北京：中共中央党校科研办公室,1985 年版,第 259 页

五、结语

中意两国都是文明古国。中意两国共产党对马克思主义与社会主义都有深入的理解，两党都提出了发展符合自身国情的社会主义道路的观念。虽然意共一度退出政坛，但坚定的共产主义的理念和实现社会主义的思想，一直使意共扎根于意大利左翼政党的行列中，这也为 2016 年意共重新回归提供了思想理论保障。2020 年，中意两国建交 50 周年。半世纪来，中意两国通过交流与合作，增进了彼此间了解，各领域合作进一步深化，反过来推动了中意两党的交往。2021 年，中意两国共产党都迎来了建党 100 周年。中国共产党实现了摆脱贫困、实现全面建成小康社会的百年目标，正在迈向下一个百年目标；而意大利共产党仍处于恢复与重建之中，实现党的目标仍任重道远。总结两党百年的发展历史，对发展中意两党、两国关系都有着重要的意义。中意两党的百年发展，经历了完全不同的历程，但两党关于共产主义的理念和社会主义的思想观念是一致的。两党的深入交流，将为推动构建人类命运共同体、促进世界社会主义的发展提供可行的思路。